DAS BUCH DER SCHICKSALE

DANK

Ein ganz besonderer Dank des Verlags geht an Alexander Rosenstock, stv. Bibliotheksdirektor der Stadtbibliothek Ulm: Er hat uns auf dieses einmalige kulturgeschichtliche Dokument aufmerksam gemacht, uns dafür begeistert sowie durch seine wissenschaftliche Arbeit dessen Stellenwert erschlossen.
Unser Dank gilt außerdem der Stadtbibliothek Ulm: Sie verwahrt das einzige erhaltene Exemplare des Erstdrucks von 1482 und hat uns die Scans des Originals für die Arbeit an dieser Edition zur Verfügung gestellt hat.

Im Original blättern: http://openaccess-stadtbibliothek.ulm.de/buecher/lb1482/

Das Buch der Schicksale

Ein Würfellosbuch

LORENZO SPIRITO

In der Nachdichtung von
Werner Menapace

FOLIO

Die fünf Schritte

ZUR BEANTWORTUNG
IHRER FRAGE DES LEBENS

DIE FRAGEN

1

Wählen Sie auf der Seite mit dem Rad der Fortuna die Frage aus, die Sie gerne beantwortet hätten.

DIE KÖNIGE

2

Gehen Sie zu dem König, an den Sie verwiesen werden.

DIE ZEICHEN

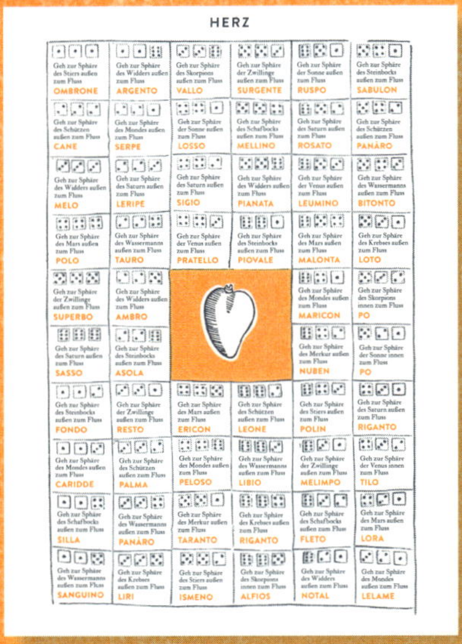

3

Gehen Sie zu dem Zeichen, an das Sie verwiesen werden.

Würfeln Sie jetzt und suchen Sie die Darstellung der von Ihnen erzielten Augenzahl.

Wird mich meine Angebetete erhören?

Es liebt dich jemand insgeheim mit aller Macht,
brennt nur darauf, dich irgendwann zu sehen,
und sinnt, was dich wohl glücklich macht.

DIE SPHÄREN

4

Gehen Sie dann zur angegebenen Sphäre und dort zum für Sie bestimmten Fluss auf dem äußeren oder auf dem inneren Kreis.

DIE PROPHETEN

5

Gehen Sie zu Propheten und Vers, an die Sie verwiesen werden.

EDITORISCHE NOTIZ

Lorenzo Spirito hat auf den verschlungenen Parcours, die von den 20 Fragen zu den insgesamt 1120 Wahrsprüchen der Propheten führen, in rund 40 Fällen die Übersicht verloren: Einige Zwischenstationen und Wahrsprüche werden doppelt oder gar nicht angesteuert, Wege verlieren sich im Nichts oder tauchen daraus auf, Prophezeiungen zielen inhaltlich schlicht an der Frage vorbei.

Um für die Leserinnen und Leser der vorliegenden Edition die Freude am Spiel nicht zu schmälern, hat der Verlag diese fehlgeleiteten Fäden entwirrt und neu verknüpft. Übrig blieben lediglich vier Sprüche, die so gar nicht zur Frage passen wollen. Für sie bietet der Übersetzer Werner Menapace vier von ihm gedichtete und als solche ausgewiesene Alternativen an, sodass in dieser Ausgabe keine Befragung des Schicksals ins Leere läuft.

Die rund 480, teilweise erfundenen Flussnamen wurden mehrheitlich in ihrer originalen Schreibweise belassen, nur wo es deutsche Entsprechungen gibt, wurden diese verwendet (z. B. Donau für Dannubio, Etsch für Addige, Jordan für Giordano), ansonsten wurde bloß deren Schreibweise vereinheitlicht.

Um aufzuheitern das bedrückte Gemüt,
Um nicht dem Müßiggang zu erliegen,
Um meinen Seelenkummer zu besiegen,
Der ob meiner Sehnsucht mich betrübt,

Ward dies Werk geschaffen, nicht um Wort für Wort
Zu glauben, was allhier geschrieben steht.
Habt Spaß daran, doch glaubt allein, wenn's geht,
An den allmächtigen Gott im Himmel dort.

Wen immer es interessiert zu wissen,
Wer dieses Losbuch gedichtet hat:
Lorenzo Spirito hat sich beflissen.

Drum solltet ihr den Fehler unterlassen,
An diese Lose allzu fest zu glauben:
Den Pfad der Liebe würdet ihr verlassen.

Dies Losbuch wurde kunstvoll erdacht und verfasst vom Peruginer Edelmann Lorenzo Spirito und gedruckt in der erhabenen Stadt Perugia dank der Handwerkskunst des Meisters Steffen Arndes aus Hamburg und der Gesellen Paul Mechter und Gerhard Thomae aus Deutschland. Im Jahr des Herrn M.CCCC.LXXXII. Viel Glück.

AUGUSTA PERUSIA

Avem & animal natura creavit. *
Hiis quatuor & me coronavit.

* „Die Natur schuf mich als Vogel und Tier. Und krönte mich mit diesen vier." Druckerzeichen mit Wappen der adeligen Familie Baglioni, deren Palazzo in Perugia die Druckerwerkstatt beherbergte. Mit den „vier" sind wohl Lorenzo Spirito und die drei Drucker gemeint.

Wird mein Leben mir Glück bescheren oder nicht? **Geh zu König Salomon**
Wie werde ich sterben und wann? **Geh zu König David**
Werde ich einen Kampf gewinnen? **Geh zu König Juba**
Ist meine Frau rechtschaffen? **Geh zu König Turnus**
Ist mein Mann rechtschaffen? **Geh zu König Priamos**
Werde ich zurückbekommen, was mir geraubt wurde? **Geh zu König Porsenna**
Wird mich meine Angebetete erhören? **Geh zu König Agamemnon**
Ist der Zeitpunkt günstig für eine Reise? **Geh zu König Artus**
Ist es gut, jetzt eine Frau zu heiraten? **Geh zu König Karl**
Ist es gut, jetzt einen Mann zu heiraten? **Geh zu König Josua**
Mögen mich die Leute? **Geh zu König Aigisthos**
Ich drehe mich unentwegt.
Ich stehe niemals still.
Ist die Zeit günstig, ein Haus zu bauen? **Geh zu König Numa**
Soll ich Rache nehmen? **Geh zu König Latinus**
Werde ich gute Geschäfte machen? **Geh zu König Robert**
Wie wird meine Ernte ausfallen? **Geh zu König Ptolemaios**
Werde ich eine Notlage überstehen? **Geh zu König Alexander**
Wird mein Plan gelingen? **Geh zu König Ninos**
Werde ich verlorene Gunst wiedergewinnen? **Geh zu König Desiderius**
Besteht Hoffnung auf Genesung? **Geh zu König Pharao**
Wird es ein Junge oder ein Mädchen? **Geh zu König Ladislaus**

KÖNIG DAVID
Geh zum Zeichen des Mondes
KÖNIG SALOMON
Geh zum Zeichen der Sonne
KÖNIG TURNUS
Geh zum Zeichen des Skorpions
KÖNIG JUBA
Geh zum Zeichen des Sterns

KÖNIG PRIAMOS
Geh zum Zeichen des Greifen
KÖNIG AGAMEMNON
Geh zum Zeichen des Herzens
KÖNIG ARTUS
Geh zum Zeichen des Einhorns
KÖNIG KARL
Geh zum Zeichen des Diamanten

KÖNIG JOSUA
Geh zum Zeichen des Fisches
KÖNIG AIGISTHOS
Geh zum Zeichen des Ochsen
KÖNIG PTOLOMAIOS
Geh zum Zeichen des Krebses
KÖNIG ROBERT
Geh zum Zeichen der Sirene

KÖNIG ALEXANDER
Geh zum Zeichen des Hirsches
KÖNIG LATINUS
Geh zum Zeichen des Drachen
KÖNIG NINOS
Geh zum Zeichen des Löwen
KÖNIG PHARAO
Geh zum Zeichen des Pferdes

KÖNIG LADISLAUS
Geh zum Zeichen des Hundes
KÖNIG PORSENNA
Geh zum Zeichen des Schweins
KÖNIG NUMA
Geh zum Zeichen des Hahns
KÖNIG DESIDERIUS
Geh zum Zeichen der Jungfrau

SONNE

Geh zur Sphäre der Sonne außen zum Fluss **JORDAN**	Geh zur Sphäre des Widders außen zum Fluss **NERA**	Geh zur Sphäre der Venus außen zum Fluss **PESCHIERA**	Geh zur Sphäre des Steinbocks außen zum Fluss **PRATO**	Geh zur Sphäre des Mars außen zum Fluss **CARPENE**	Geh zur Sphäre des Krebses außen zum Fluss **FRANCO**
Geh zur Sphäre des Saturn außen zum Fluss **RHONE**	Geh zur Sphäre des Steinbocks außen zum Fluss **TRONTO**	Geh zur Sphäre des Mars außen zum Fluss **CARPENTO**	Geh zur Sphäre des Schützen außen zum Fluss **PELO**	Geh zur Sphäre des Mondes außen zum Fluss **SARDO**	Geh zur Sphäre des Skorpions außen zum Fluss **GREVE**
Geh zur Sphäre der Venus außen zum Fluss **EUPHRAT**	Geh zur Sphäre des Schützen außen zum Fluss **TARO**	Geh zur Sphäre des Mondes außen zum Fluss **CESSO**	Geh zur Sphäre des Wassermanns außen zum Fluss **BRUNA**	Geh zur Sphäre des Merkur außen zum Fluss **MUGNONE**	Geh zur Sphäre der Sonne außen zum Fluss **JOTA**
Geh zur Sphäre der Sonne außen zum Fluss **MARECCHIA**	Geh zur Sphäre des Wassermanns außen zum Fluss **TESINO**	Geh zur Sphäre des Merkur außen zum Fluss **TABOR**	Geh zur Sphäre des Krebses außen zum Fluss **SALO**	Geh zur Sphäre des Stiers außen zum Fluss **XANTHOS**	Geh zur Sphäre des Saturn außen zum Fluss **TITA**
Geh zur Sphäre des Mars außen zum Fluss **KIDRON**	Geh zur Sphäre des Krebses außen zum Fluss **NIL**			Geh zur Sphäre der Zwillinge außen zum Fluss **ILO**	Geh zur Sphäre der Venus außen zum Fluss **ONEGA**
Geh zur Sphäre des Mondes außen zum Fluss **ARNO**	Geh zur Sphäre des Skorpions außen zum Fluss **ETSCH**			Geh zur Sphäre des Schafbocks außen zum Fluss **ROTA**	Geh zur Sphäre des Mars außen zum Fluss **ALFA**
Geh zur Sphäre des Merkur außen zum Fluss **TIBER**	Geh zur Sphäre der Sonne außen zum Fluss **CHIASCIO**	Geh zur Sphäre des Stiers außen zum Fluss **STRECTO**	Geh zur Sphäre des Skorpions außen zum Fluss **CELSO**	Geh zur Sphäre des Widders außen zum Fluss **UIVO**	Geh zur Sphäre des Mondes außen zum Fluss **TIRO**
Geh zur Sphäre des Stiers außen zum Fluss **PO**	Geh zur Sphäre des Saturn außen zum Fluss **ROSCIO**	Geh zur Sphäre der Zwillinge außen zum Fluss **TELO**	Geh zur Sphäre des Krebses außen zum Fluss **ELFE**	Geh zur Sphäre des Steinbocks außen zum Fluss **RAZZA**	Geh zur Sphäre des Merkur außen zum Fluss **LOSSA**
Geh zur Sphäre der Zwillinge außen zum Fluss **POTENZA**	Geh zur Sphäre der Sonne außen zum Fluss **DELFO**	Geh zur Sphäre des Schafbocks außen zum Fluss **TORTO**	Geh zur Sphäre des Saturn außen zum Fluss **TRONTO**	Geh zur Sphäre des Schützen außen zum Fluss **CALO**	Geh zur Sphäre der Zwillinge außen zum Fluss **ORCIA**
Geh zur Sphäre des Schafbocks außen zum Fluss **CHIENTI**	Geh zur Sphäre des Saturn außen zum Fluss **MELLINO**	Geh zur Sphäre des Widders außen zum Fluss **TELO**	Geh zur Sphäre der Venus außen zum Fluss **DELFO**	Geh zur Sphäre des Wassermanns außen zum Fluss **RASO**	Geh zur Sphäre des Stiers außen zum Fluss **GOLFO**

MOND

Geh zur Sphäre der Venus außen zum Fluss **TOPINO**	Geh zur Sphäre des Skorpions außen zum Fluss **LEONE**	Geh zur Sphäre des Widders außen zum Fluss **LINO**	Geh zur Sphäre der Venus außen zum Fluss **TALIM**	Geh zur Sphäre des Steinbocks außen zum Fluss **FILON**	Geh zur Sphäre des Merkur außen zum Fluss **SALINE**
Geh zur Sphäre der Venus außen zum Fluss **ALTONE**	Geh zur Sphäre der Sonne außen zum Fluss **LUPO**	Geh zur Sphäre des Steinbocks außen zum Fluss **MARTA**	Geh zur Sphäre des Mars außen zum Fluss **VERTU**	Geh zur Sphäre des Schützen außen zum Fluss **GETON**	Geh zur Sphäre des Stiers außen zum Fluss **TEUCER**
Geh zur Sphäre des Wassermanns außen zum Fluss **TEUL**	Geh zur Sphäre des Saturn außen zum Fluss **APSUS**	Geh zur Sphäre des Schützen außen zum Fluss **NOLA**	Geh zur Sphäre des Mondes außen zum Fluss **ZARA**	Geh zur Sphäre des Wassermanns außen zum Fluss **ITERNA**	Geh zur Sphäre der Zwillinge außen zum Fluss **ULITON**
Geh zur Sphäre des Skorpions außen zum Fluss **JORDAN**	Geh zur Sphäre der Venus außen zum Fluss **BOSSO**	Geh zur Sphäre des Wassermanns außen zum Fluss **ORSO**	Geh zur Sphäre des Merkur außen zum Fluss **ALIFFO**	Geh zur Sphäre des Krebses außen zum Fluss **LEGEN**	Geh zur Sphäre des Schafbocks außen zum Fluss **SAILON**
Geh zur Sphäre des Schützen außen zum Fluss **SORBO**	Geh zur Sphäre des Mars außen zum Fluss **COLTO**			Geh zur Sphäre des Skorpions außen zum Fluss **METOS**	Geh zur Sphäre des Widders außen zum Fluss **AMAEL**
Geh zur Sphäre des Wassermanns außen zum Fluss **SPUTO**	Geh zur Sphäre des Mondes außen zum Fluss **DUERO**			Geh zur Sphäre der Sonne außen zum Fluss **NUIL**	Geh zur Sphäre des Steinbocks außen zum Fluss **BERZOIL**
Geh zur Sphäre des Krebses außen zum Fluss **FONDO**	Geh zur Sphäre des Merkur außen zum Fluss **ELSA**	Geh zur Sphäre des Krebses außen zum Fluss **PESA**	Geh zur Sphäre des Stiers außen zum Fluss **BALACO**	Geh zur Sphäre des Saturn außen zum Fluss **OREA**	Geh zur Sphäre des Schützen außen zum Fluss **CERTO**
Geh zur Sphäre der Sonne außen zum Fluss **CARIDDI**	Geh zur Sphäre des Stiers außen zum Fluss **FALSO**	Geh zur Sphäre des Skorpions außen zum Fluss **QUINTO**	Geh zur Sphäre der Zwillinge außen zum Fluss **CERUSSE**	Geh zur Sphäre der Venus außen zum Fluss **PARIS**	Geh zur Sphäre des Wassermanns außen zum Fluss **DARINDO**
Geh zur Sphäre des Wassermanns außen zum Fluss **SILLA**	Geh zur Sphäre der Zwillinge außen zum Fluss **GOTO**	Geh zur Sphäre der Sonne außen zum Fluss **FRIGIDO**	Geh zur Sphäre des Schafbocks außen zum Fluss **DILECTO**	Geh zur Sphäre des Mars außen zum Fluss **QUERICON**	Geh zur Sphäre des Skorpions außen zum Fluss **FELITTO**
Geh zur Sphäre des Krebses außen zum Fluss **SILLA**	Geh zur Sphäre des Schafbocks außen zum Fluss **ISTRA**	Geh zur Sphäre des Saturn außen zum Fluss **SELEF**	Geh zur Sphäre des Widders außen zum Fluss **ERESIS**	Geh zur Sphäre des Mondes außen zum Fluss **RAINEL**	Geh zur Sphäre des Skorpions außen zum Fluss **GARIFFO**

STERN

Geh zur Sphäre des Mars außen zum Fluss **ARBIA**	Geh zur Sphäre der Sonne außen zum Fluss **ARDENZA**	Geh zur Sphäre des Steinbocks außen zum Fluss **NOBILE**	Geh zur Sphäre des Mars außen zum Fluss **ALIFFO**	Geh zur Sphäre des Schützen außen zum Fluss **LOSSA**	Geh zur Sphäre des Stiers außen zum Fluss **BUTO**
Geh zur Sphäre des Merkur außen zum Fluss **TELO**	Geh zur Sphäre des Saturn außen zum Fluss **BAETIS**	Geh zur Sphäre des Schützen außen zum Fluss **ORIGNO**	Geh zur Sphäre des Mondes außen zum Fluss **BOREO**	Geh zur Sphäre des Wassermanns außen zum Fluss **MIRA**	Geh zur Sphäre der Zwillinge außen zum Fluss **LOSSO**
Geh zur Sphäre des Krebses außen zum Fluss **JORDAN**	Geh zur Sphäre der Venus außen zum Fluss **COSA**	Geh zur Sphäre des Wassermanns außen zum Fluss **PUR**	Geh zur Sphäre des Merkur außen zum Fluss **CHESTIN**	Geh zur Sphäre des Krebses außen zum Fluss **METO**	Geh zur Sphäre des Schafbocks außen zum Fluss **DARDO**
Geh zur Sphäre der Sonne außen zum Fluss **SAVE**	Geh zur Sphäre des Mars außen zum Fluss **DIANA**	Geh zur Sphäre des Krebses außen zum Fluss **ROSCIO**	Geh zur Sphäre des Stiers außen zum Fluss **DNISTER**	Geh zur Sphäre des Skorpions außen zum Fluss **ORCO**	Geh zur Sphäre des Widders außen zum Fluss **EUFEO**
Geh zur Sphäre des Steinbocks außen zum Fluss **STELLA**	Geh zur Sphäre des Mondes außen zum Fluss **EURICON**			Geh zur Sphäre der Sonne außen zum Fluss **PILO**	Geh zur Sphäre des Steinbocks außen zum Fluss **FERRO**
Geh zur Sphäre des Krebses außen zum Fluss **SERCHIO**	Geh zur Sphäre des Merkur außen zum Fluss **FOLCO**			Geh zur Sphäre des Saturn außen zum Fluss **ROSA**	Geh zur Sphäre des Schützen außen zum Fluss **GALLO**
Geh zur Sphäre des Skorpions außen zum Fluss **FONDO**	Geh zur Sphäre des Stiers außen zum Fluss **GIRO**	Geh zur Sphäre des Skorpions außen zum Fluss **SIRTO**	Geh zur Sphäre der Zwillinge außen zum Fluss **ESTRO**	Geh zur Sphäre der Venus außen zum Fluss **SIRIO**	Geh zur Sphäre des Wassermanns außen zum Fluss **METHUSALEM**
Geh zur Sphäre des Saturn außen zum Fluss **CARIDDI**	Geh zur Sphäre der Zwillinge außen zum Fluss **IR**	Geh zur Sphäre des Saturn außen zum Fluss **TERRENO**	Geh zur Sphäre des Schafbocks außen zum Fluss **FIERO**	Geh zur Sphäre des Mars außen zum Fluss **TALCO**	Geh zur Sphäre des Krebses außen zum Fluss **ISTER**
Geh zur Sphäre des Schützen außen zum Fluss **SILLA**	Geh zur Sphäre des Schafbocks außen zum Fluss **LOTOS**	Geh zur Sphäre der Venus außen zum Fluss **TELESE**	Geh zur Sphäre des Widders außen zum Fluss **GETA**	Geh zur Sphäre des Mondes außen zum Fluss **VELA**	Geh zur Sphäre des Skorpions außen zum Fluss **LAUDA**
Geh zur Sphäre des Skorpions außen zum Fluss **SILLA**	Geh zur Sphäre des Widders außen zum Fluss **MENSOLA**	Geh zur Sphäre der Sonne außen zum Fluss **ULTIMO**	Geh zur Sphäre des Steinbocks außen zum Fluss **IRIS**	Geh zur Sphäre des Merkur außen zum Fluss **AUCHERIN**	Geh zur Sphäre der Sonne außen zum Fluss **MORO**

SKORPION

Geh zur Sphäre des Mondes außen zum Fluss **NERA**	Geh zur Sphäre der Venus außen zum Fluss **BRENTA**	Geh zur Sphäre der Venus außen zum Fluss **BRANCO**	Geh zur Sphäre des Schafbocks außen zum Fluss **POLINO**	Geh zur Sphäre des Merkur außen zum Fluss **BOLO**	Geh zur Sphäre des Steinbocks innen zum Fluss **NOBILE**
Geh zur Sphäre des Mondes außen zum Fluss **ORCIA**	Geh zur Sphäre des Mars außen zum Fluss **CASTRO**	Geh zur Sphäre des Skorpions außen zum Fluss **LOTO**	Geh zur Sphäre des Widders außen zum Fluss **BRULLO**	Geh zur Sphäre des Saturn innen zum Fluss **PO**	Geh zur Sphäre des Schützen innen zum Fluss **PO**
Geh zur Sphäre des Schützen außen zum Fluss **CANNA**	Geh zur Sphäre des Mondes außen zum Fluss **TIRON**	Geh zur Sphäre des Steinbocks außen zum Fluss **LORDO**	Geh zur Sphäre des Steinbocks außen zum Fluss **POLANO**	Geh zur Sphäre der Venus innen zum Fluss **LENTO**	Geh zur Sphäre des Wassermanns innen zum Fluss **CARIDDE**
Geh zur Sphäre des Saturn außen zum Fluss **PESA**	Geh zur Sphäre des Merkur außen zum Fluss **LACCIO**	Geh zur Sphäre der Zwillinge außen zum Fluss **OMBRO**	Geh zur Sphäre des Schützen außen zum Fluss **LIRI**	Geh zur Sphäre des Mars innen zum Fluss **NIL**	Geh zur Sphäre des Krebses innen zum Fluss **RASO**
Geh zur Sphäre des Widders außen zum Fluss **LUPO**	Geh zur Sphäre des Stiers außen zum Fluss **CORBO**			Geh zur Sphäre des Mondes innen zum Fluss **PO**	Geh zur Sphäre des Skorpions innen zum Fluss **RELO**
Geh zur Sphäre des Skorpions außen zum Fluss **SERCHIO**	Geh zur Sphäre der Zwillinge außen zum Fluss **LISO**			Geh zur Sphäre des Merkur außen zum Fluss **PO**	Geh zur Sphäre der Sonne innen zum Fluss **POLITO**
Geh zur Sphäre des Wassermanns außen zum Fluss **FONDO**	Geh zur Sphäre des Schafbocks außen zum Fluss **OSBECH**	Geh zur Sphäre des Schafbocks außen zum Fluss **ALLITO**	Geh zur Sphäre des Wassermanns außen zum Fluss **SOLCO**	Geh zur Sphäre des Stiers außen zum Fluss **FELO**	Geh zur Sphäre des Saturn innen zum Fluss **TESINO**
Geh zur Sphäre der Venus außen zum Fluss **CARIDDI**	Geh zur Sphäre des Widders außen zum Fluss **LEONE**	Geh zur Sphäre des Merkur außen zum Fluss **MORO**	Geh zur Sphäre des Krebses innen zum Fluss **PENOSO**	Geh zur Sphäre der Zwillinge innen zum Fluss **RODO**	Geh zur Sphäre der Venus innen zum Fluss **ETSCH**
Geh zur Sphäre des Steinbocks außen zum Fluss **SILLA**	Geh zur Sphäre des Steinbocks außen zum Fluss **OSBEN**	Geh zur Sphäre des Stiers außen zum Fluss **NOLO**	Geh zur Sphäre des Skorpions innen zum Fluss **INDUS**	Geh zur Sphäre des Schafbocks innen zum Fluss **PO**	Geh zur Sphäre des Mars innen zum Fluss **SOLO**
Geh zur Sphäre des Saturn außen zum Fluss **ARTO**	Geh zur Sphäre der Zwillinge außen zum Fluss **NOLLO**	Geh zur Sphäre der Zwillinge außen zum Fluss **SILUANO**	Geh zur Sphäre der Sonne innen zum Fluss **GUASTO**	Geh zur Sphäre des Widders innen zum Fluss **NIL**	Geh zur Sphäre des Mondes innen zum Fluss **RIGO**

GREIF

Geh zur Sphäre des Merkur außen zum Fluss **PAGLIA**	Geh zur Sphäre des Schafbocks außen zum Fluss **CHERON**	Geh zur Sphäre des Steinbocks innen zum Fluss **PANÀRO**	Geh zur Sphäre des Stiers innen zum Fluss **PALMA**	Geh zur Sphäre des Skorpions innen zum Fluss **GENNA**	Geh zur Sphäre der Sonne innen zum Fluss **AMBRO**
Geh zur Sphäre des Steinbocks außen zum Fluss **ORSO**	Geh zur Sphäre des Mars außen zum Fluss **AMARO**	Geh zur Sphäre des Schützen innen zum Fluss **PALMA**	Geh zur Sphäre der Zwillinge innen zum Fluss **FORTE**	Geh zur Sphäre der Sonne innen zum Fluss **PONTE**	Geh zur Sphäre der Sonne innen zum Fluss **VAR**
Geh zur Sphäre des Steinbocks außen zum Fluss **PELO**	Geh zur Sphäre der Sonne außen zum Fluss **SERMEL**	Geh zur Sphäre des Wassermanns innen zum Fluss **NUBES**	Geh zur Sphäre des Schafbocks innen zum Fluss **LEONE**	Geh zur Sphäre des Saturn innen zum Fluss **APSUS**	Geh zur Sphäre der Sonne innen zum Fluss **BRENTA**
Geh zur Sphäre der Venus außen zum Fluss **SIEVE**	Geh zur Sphäre des Schützen außen zum Fluss **RASO**	Geh zur Sphäre des Krebses innen zum Fluss **LAO**	Geh zur Sphäre des Widders innen zum Fluss **LEONE**	Geh zur Sphäre der Venus innen zum Fluss **FORTE**	Geh zur Sphäre der Sonne innen zum Fluss **TIRON**
Geh zur Sphäre des Schafbocks außen zum Fluss **BOSSO**	Geh zur Sphäre des Schafbocks außen zum Fluss **SUPREMO**			Geh zur Sphäre der Venus innen zum Fluss **RATTO**	Geh zur Sphäre der Sonne innen zum Fluss **SIEVE**
Geh zur Sphäre der Sonne außen zum Fluss **SERCHIO**	Geh zur Sphäre des Widders außen zum Fluss **FALLO**			Geh zur Sphäre des Mars innen zum Fluss **SOLARO**	Geh zur Sphäre der Sonne innen zum Fluss **SEXTO**
Geh zur Sphäre des Schützen außen zum Fluss **FONDO**	Geh zur Sphäre des Stiers außen zum Fluss **ANCORO**	Geh zur Sphäre der Sonne innen zum Fluss **PANÀRO**	Geh zur Sphäre des Steinbocks innen zum Fluss **RETO**	Geh zur Sphäre des Mondes innen zum Fluss **CARIDDI**	Geh zur Sphäre der Sonne innen zum Fluss **BORO**
Geh zur Sphäre des Mars außen zum Fluss **CARIDDI**	Geh zur Sphäre der Zwillinge innen zum Fluss **RUBEN**	Geh zur Sphäre des Saturn innen zum Fluss **LUPO**	Geh zur Sphäre des Schützen innen zum Fluss **NEFAN**	Geh zur Sphäre des Merkur innen zum Fluss **MINERBA**	Geh zur Sphäre der Sonne innen zum Fluss **TOSO**
Geh zur Sphäre des Widders außen zum Fluss **SILLA**	Geh zur Sphäre des Schafbocks innen zum Fluss **AUFER**	Geh zur Sphäre des Mondes innen zum Fluss **PALMA**	Geh zur Sphäre des Wassermanns innen zum Fluss **SERCHIO**	Geh zur Sphäre des Merkur innen zum Fluss **ARNO**	Geh zur Sphäre der Sonne innen zum Fluss **ISCHIO**
Geh zur Sphäre des Schützen außen zum Fluss **RIVO**	Geh zur Sphäre des Widders innen zum Fluss **EUCON**	Geh zur Sphäre des Merkur innen zum Fluss **PO**	Geh zur Sphäre des Krebses innen zum Fluss **CHIASCIO**	Geh zur Sphäre des Merkur innen zum Fluss **SPOLIO**	Geh zur Sphäre des Skorpions innen zum Fluss **PEROS**

HERZ

Geh zur Sphäre des Stiers außen zum Fluss **OMBRONE**	Geh zur Sphäre des Widders außen zum Fluss **ARGENTO**	Geh zur Sphäre des Skorpions außen zum Fluss **VALLO**	Geh zur Sphäre der Zwillinge außen zum Fluss **SURGENTE**	Geh zur Sphäre der Sonne außen zum Fluss **RUSPO**	Geh zur Sphäre des Steinbocks außen zum Fluss **SABULON**
Geh zur Sphäre des Schützen außen zum Fluss **CANE**	Geh zur Sphäre des Mondes außen zum Fluss **SERPE**	Geh zur Sphäre der Sonne außen zum Fluss **LOSSO**	Geh zur Sphäre des Schafbocks außen zum Fluss **MELLINO**	Geh zur Sphäre des Saturn außen zum Fluss **ROSATO**	Geh zur Sphäre des Schützen außen zum Fluss **PANÀRO**
Geh zur Sphäre des Widders außen zum Fluss **MELO**	Geh zur Sphäre des Saturn außen zum Fluss **LERIPE**	Geh zur Sphäre des Saturn außen zum Fluss **SIGIO**	Geh zur Sphäre des Widders außen zum Fluss **PIANATA**	Geh zur Sphäre der Venus außen zum Fluss **LEUMINO**	Geh zur Sphäre des Wassermanns außen zum Fluss **BITONTO**
Geh zur Sphäre des Mars außen zum Fluss **POLO**	Geh zur Sphäre des Wassermanns außen zum Fluss **TAURO**	Geh zur Sphäre der Venus außen zum Fluss **PRATELLO**	Geh zur Sphäre des Steinbocks außen zum Fluss **PIOVALE**	Geh zur Sphäre des Mars außen zum Fluss **MALONTA**	Geh zur Sphäre des Krebses außen zum Fluss **LOTO**
Geh zur Sphäre der Zwillinge außen zum Fluss **SUPERBO**	Geh zur Sphäre des Widders außen zum Fluss **AMBRO**			Geh zur Sphäre des Mondes außen zum Fluss **MARICON**	Geh zur Sphäre des Skorpions innen zum Fluss **PO**
Geh zur Sphäre des Saturn außen zum Fluss **SASSO**	Geh zur Sphäre des Steinbocks außen zum Fluss **ASOLA**			Geh zur Sphäre des Merkur außen zum Fluss **NUBEN**	Geh zur Sphäre der Sonne innen zum Fluss **PO**
Geh zur Sphäre des Steinbocks außen zum Fluss **FONDO**	Geh zur Sphäre der Zwillinge außen zum Fluss **RESTO**	Geh zur Sphäre des Mars außen zum Fluss **ERICON**	Geh zur Sphäre des Schützen außen zum Fluss **LEONE**	Geh zur Sphäre des Stiers außen zum Fluss **POLIN**	Geh zur Sphäre des Saturn außen zum Fluss **RIGANTO**
Geh zur Sphäre des Mondes außen zum Fluss **CARIDDE**	Geh zur Sphäre des Schützen außen zum Fluss **PALMA**	Geh zur Sphäre des Mondes außen zum Fluss **PELOSO**	Geh zur Sphäre des Wassermanns außen zum Fluss **LIBIO**	Geh zur Sphäre der Zwillinge außen zum Fluss **MELIMPO**	Geh zur Sphäre der Venus innen zum Fluss **TILO**
Geh zur Sphäre des Schafbocks außen zum Fluss **SILLA**	Geh zur Sphäre des Wassermanns außen zum Fluss **PANÀRO**	Geh zur Sphäre des Merkur außen zum Fluss **TARANTO**	Geh zur Sphäre des Krebses außen zum Fluss **RIGANTO**	Geh zur Sphäre des Schafbocks außen zum Fluss **FLETO**	Geh zur Sphäre des Mars außen zum Fluss **LORA**
Geh zur Sphäre des Wassermanns außen zum Fluss **SANGUINO**	Geh zur Sphäre des Krebses außen zum Fluss **LIRI**	Geh zur Sphäre des Stiers außen zum Fluss **ISMENO**	Geh zur Sphäre des Skorpions innen zum Fluss **ALFIOS**	Geh zur Sphäre des Widders außen zum Fluss **NOTAL**	Geh zur Sphäre des Mondes außen zum Fluss **LELAME**

EINHORN

Geh zur Sphäre der Zwillinge außen zum Fluss **NECCONE**	Geh zur Sphäre des Steinbocks außen zum Fluss **ROSCIELLO**	Geh zur Sphäre der Sonne innen zum Fluss **JORDAN**	Geh zur Sphäre der Venus innen zum Fluss **LEANDRO**	Geh zur Sphäre des Stiers innen zum Fluss **ARNO**	Geh zur Sphäre des Krebses innen zum Fluss **CODRO**
Geh zur Sphäre des Saturn außen zum Fluss **JORDAN**	Geh zur Sphäre des Merkur außen zum Fluss **ESULO**	Geh zur Sphäre der Sonne innen zum Fluss **ESULO**	Geh zur Sphäre des Mars innen zum Fluss **TARANTO**	Geh zur Sphäre des Stiers innen zum Fluss **CHIANI**	Geh zur Sphäre des Skorpions innen zum Fluss **DIANO**
Geh zur Sphäre des Schafbocks außen zum Fluss **SOTILE**	Geh zur Sphäre der Venus außen zum Fluss **FRANCIO**	Geh zur Sphäre der Sonne innen zum Fluss **RITONDO**	Geh zur Sphäre des Mars innen zum Fluss **NERON**	Geh zur Sphäre der Zwillinge innen zum Fluss **XANTHOS**	Geh zur Sphäre des Schafbocks innen zum Fluss **ERO**
Geh zur Sphäre des Mondes außen zum Fluss **LETHE**	Geh zur Sphäre des Krebses außen zum Fluss **FERITO**	Geh zur Sphäre des Saturn innen zum Fluss **TIBER**	Geh zur Sphäre des Mars innen zum Fluss **CRAOS**	Geh zur Sphäre der Zwillinge innen zum Fluss **BRENTA**	Geh zur Sphäre des Schafbocks innen zum Fluss **FRIGIDO**
Geh zur Sphäre des Stiers außen zum Fluss **VELA**	Geh zur Sphäre des Steinbocks außen zum Fluss **PIENO**			Geh zur Sphäre der Zwillinge innen zum Fluss **POTENZA**	Geh zur Sphäre des Steinbocks innen zum Fluss **GELSO**
Geh zur Sphäre der Venus außen zum Fluss **LACO**	Geh zur Sphäre des Schützen außen zum Fluss **MORTE**			Geh zur Sphäre des Schafbocks innen zum Fluss **AUENTIA**	Geh zur Sphäre des Schützen innen zum Fluss **IRA**
Geh zur Sphäre des Widders außen zum Fluss **FONDO**	Geh zur Sphäre des Schafbocks außen zum Fluss **PRONTO**	Geh zur Sphäre des Saturn innen zum Fluss **POTENZA**	Geh zur Sphäre des Mondes innen zum Fluss **PAGLIA**	Geh zur Sphäre des Widders innen zum Fluss **GEDON**	Geh zur Sphäre des Wassermanns innen zum Fluss **LOSSA**
Geh zur Sphäre des Merkur außen zum Fluss **CARIDDE**	Geh zur Sphäre des Merkur innen zum Fluss **NOLA**	Geh zur Sphäre des Saturn innen zum Fluss **CARPENE**	Geh zur Sphäre des Mondes innen zum Fluss **NIL**	Geh zur Sphäre des Steinbocks innen zum Fluss **TORRE**	Geh zur Sphäre des Krebses innen zum Fluss **MIRO**
Geh zur Sphäre der Zwillinge außen zum Fluss **SILLA**	Geh zur Sphäre des Merkur innen zum Fluss **SERCHIO**	Geh zur Sphäre der Venus innen zum Fluss **PO**	Geh zur Sphäre des Mondes innen zum Fluss **ARBIA**	Geh zur Sphäre des Schützen innen zum Fluss **ARON**	Geh zur Sphäre des Skorpions innen zum Fluss **NIL**
Geh zur Sphäre des Krebses außen zum Fluss **VAR**	Geh zur Sphäre des Merkur innen zum Fluss **POTENZA**	Geh zur Sphäre der Venus innen zum Fluss **LEUCHIN**	Geh zur Sphäre des Stiers innen zum Fluss **RHONE**	Geh zur Sphäre des Wassermanns innen zum Fluss **BESANO**	Geh zur Sphäre des Widders innen zum Fluss **ORDO**

DIAMANT

Geh zur Sphäre des Schafbocks außen zum Fluss **NESTORE**	Geh zur Sphäre des Schützen außen zum Fluss **FELO**	Geh zur Sphäre der Sonne innen zum Fluss **TESINO**	Geh zur Sphäre des Mars innen zum Fluss **ADDA**	Geh zur Sphäre des Stiers innen zum Fluss **MELLINO**	Geh zur Sphäre des Steinbocks innen zum Fluss **PRIMO**
Geh zur Sphäre des Mars außen zum Fluss **NIL**	Geh zur Sphäre des Stiers außen zum Fluss **SINCO**	Geh zur Sphäre der Sonne innen zum Fluss **MELSO**	Geh zur Sphäre des Mars innen zum Fluss **ZANCONA**	Geh zur Sphäre der Zwillinge innen zum Fluss **METAURO**	Geh zur Sphäre des Steinbocks innen zum Fluss **CHIASCIO**
Geh zur Sphäre der Zwillinge außen zum Fluss **GROSSO**	Geh zur Sphäre des Mars außen zum Fluss **AMOLO**	Geh zur Sphäre des Saturn innen zum Fluss **ARNO**	Geh zur Sphäre des Mars innen zum Fluss **SARON**	Geh zur Sphäre der Zwillinge innen zum Fluss **OGLIO**	Geh zur Sphäre des Skorpions innen zum Fluss **MELLINO**
Geh zur Sphäre des Merkur außen zum Fluss **STIGIO**	Geh zur Sphäre des Skorpions außen zum Fluss **ARENO**	Geh zur Sphäre des Saturn innen zum Fluss **SOLONE**	Geh zur Sphäre des Mondes innen zum Fluss **NESTORE**	Geh zur Sphäre des Schafbocks innen zum Fluss **JORDAN**	Geh zur Sphäre des Schützen innen zum Fluss **OGLIO**
Geh zur Sphäre des Merkur außen zum Fluss **SOLE**	Geh zur Sphäre des Schützen außen zum Fluss **PORRO**			Geh zur Sphäre des Schafbocks innen zum Fluss **PESO**	Geh zur Sphäre des Schützen innen zum Fluss **ARNO**
Geh zur Sphäre des Mars außen zum Fluss **CAINA**	Geh zur Sphäre des Wassermanns außen zum Fluss **SIDO**			Geh zur Sphäre des Schafbocks innen zum Fluss **CORINTO**	Geh zur Sphäre des Wassermanns innen zum Fluss **XANTHOS**
Geh zur Sphäre des Schafbocks außen zum Fluss **ACERBO**	Geh zur Sphäre des Widder außen zum Fluss **LECTO**	Geh zur Sphäre des Saturn innen zum Fluss **ARENO**	Geh zur Sphäre des Mondes innen zum Fluss **ETSCH**	Geh zur Sphäre des Widder innen zum Fluss **EUPHRAT**	Geh zur Sphäre des Wassermanns innen zum Fluss **NAVILE**
Geh zur Sphäre der Zwillinge außen zum Fluss **CARIDDI**	Geh zur Sphäre des Merkur innen zum Fluss **DON**	Geh zur Sphäre der Venus innen zum Fluss **ARNO**	Geh zur Sphäre des Mondes innen zum Fluss **ORCIA**	Geh zur Sphäre des Widder innen zum Fluss **PESCHARA**	Geh zur Sphäre des Wassermanns innen zum Fluss **TILON**
Geh zur Sphäre des Stiers außen zum Fluss **SILLA**	Geh zur Sphäre des Merkur innen zum Fluss **EUPHRAT**	Geh zur Sphäre der Venus innen zum Fluss **PIESA**	Geh zur Sphäre des Stiers innen zum Fluss **EUPHRAT**	Geh zur Sphäre des Widders innen zum Fluss **ARNO**	Geh zur Sphäre des Krebses innen zum Fluss **NIL**
Geh zur Sphäre des Skorpions außen zum Fluss **MELSO**	Geh zur Sphäre des Merkur innen zum Fluss **PAGLIA**	Geh zur Sphäre der Venus innen zum Fluss **TIRO**	Geh zur Sphäre des Stiers innen zum Fluss **SERCHIO**	Geh zur Sphäre des Steinbocks innen zum Fluss **PO**	Geh zur Sphäre des Schützen innen zum Fluss **XANTHOS**

FISCH

Geh zur Sphäre des Widders außen zum Fluss **SALE**	Geh zur Sphäre des Wassermanns außen zum Fluss **BREVE**	Geh zur Sphäre des Skorpions innen zum Fluss **TIBER**	Geh zur Sphäre des Skorpions innen zum Fluss **TOPINELLO**	Geh zur Sphäre der Zwillinge innen zum Fluss **RENO**	Geh zur Sphäre des Steinbocks innen zum Fluss **NIL**
Geh zur Sphäre des Stiers außen zum Fluss **RHONE**	Geh zur Sphäre der Zwillinge außen zum Fluss **AUSTRO**	Geh zur Sphäre der Sonne innen zum Fluss **NIL**	Geh zur Sphäre des Mars innen zum Fluss **PANÀRO**	Geh zur Sphäre der Zwillinge innen zum Fluss **PANÀRO**	Geh zur Sphäre des Schützen innen zum Fluss **EUPHRAT**
Geh zur Sphäre des Skorpions innen zum Fluss **PIOMBO**	Geh zur Sphäre der Zwillinge außen zum Fluss **LEUCHIN**	Geh zur Sphäre des Skorpions innen zum Fluss **TOPINO**	Geh zur Sphäre des Skorpions innen zum Fluss **ASSINO**	Geh zur Sphäre des Schafbocks innen zum Fluss **DONAU**	Geh zur Sphäre des Schützen innen zum Fluss **NAVILE**
Geh zur Sphäre des Stiers außen zum Fluss **GIGLIO**	Geh zur Sphäre der Sonne außen zum Fluss **TARTO**	Geh zur Sphäre des Saturn innen zum Fluss **AURO**	Geh zur Sphäre des Mondes innen zum Fluss **BRENTA**	Geh zur Sphäre des Schafbocks innen zum Fluss **QUANTO**	Geh zur Sphäre des Schützen innen zum Fluss **CHIANI**
Geh zur Sphäre des Skorpions innen zum Fluss **OSCHURO**	Geh zur Sphäre des Wassermanns außen zum Fluss **CARRO**			Geh zur Sphäre des Schafbocks innen zum Fluss **DANDO**	Geh zur Sphäre des Wassermanns innen zum Fluss **AQUILONE**
Geh zur Sphäre des Mondes außen zum Fluss **CAINA**	Geh zur Sphäre des Krebses außen zum Fluss **ISOLA**			Geh zur Sphäre des Widders innen zum Fluss **DONAU**	Geh zur Sphäre des Widders innen zum Fluss **ETSCH**
Geh zur Sphäre der Zwillinge außen zum Fluss **ACERBO**	Geh zur Sphäre des Steinbocks außen zum Fluss **ALANO**	Geh zur Sphäre des Saturn innen zum Fluss **TOSCO**	Geh zur Sphäre des Skorpions innen zum Fluss **POSTO**	Geh zur Sphäre des Wassermanns innen zum Fluss **PESCHIERA**	Geh zur Sphäre des Wassermanns innen zum Fluss **POTENZA**
Geh zur Sphäre des Stiers außen zum Fluss **CARIDDI**	Geh zur Sphäre des Skorpions innen zum Fluss **TESINO**	Geh zur Sphäre der Venus innen zum Fluss **CAINA**	Geh zur Sphäre des Stiers innen zum Fluss **RENO**	Geh zur Sphäre des Widders innen zum Fluss **ARBIA**	Geh zur Sphäre des Krebses innen zum Fluss **CARIDDI**
Geh zur Sphäre des Merkur außen zum Fluss **SILLA**	Geh zur Sphäre des Merkur innen zum Fluss **TIGRIS**	Geh zur Sphäre der Venus innen zum Fluss **ALANO**	Geh zur Sphäre des Stiers innen zum Fluss **PIESA**	Geh zur Sphäre des Steinbocks innen zum Fluss **ADDA**	Geh zur Sphäre des Krebses innen zum Fluss **PESCHIERA**
Geh zur Sphäre des Skorpions innen zum Fluss **AREON**	Geh zur Sphäre des Merkur innen zum Fluss **ETSCH**	Geh zur Sphäre der Venus innen zum Fluss **TOSCANO**	Geh zur Sphäre des Stiers innen zum Fluss **RE**	Geh zur Sphäre des Steinbocks innen zum Fluss **SERCHIO**	Geh zur Sphäre des Krebses innen zum Fluss **NESTORE**

OCHSE

Geh zur Sphäre des Steinbocks außen zum Fluss **CARPENE**	Geh zur Sphäre des Krebses außen zum Fluss **ONTONE**	Geh zur Sphäre der Sonne innen zum Fluss **POTENZA**	Geh zur Sphäre des Mars innen zum Fluss **NERVA**	Geh zur Sphäre der Zwillinge innen zum Fluss **CARIDDI**	Geh zur Sphäre des Steinbocks innen zum Fluss **POTENZA**
Geh zur Sphäre der Zwillinge außen zum Fluss **TIGRO**	Geh zur Sphäre des Schafbocks außen zum Fluss **LENTO**	Geh zur Sphäre des Saturn innen zum Fluss **ADDA**	Geh zur Sphäre des Mars innen zum Fluss **SAVE**	Geh zur Sphäre der Zwillinge innen zum Fluss **PALMA**	Geh zur Sphäre des Schützen innen zum Fluss **JORDAN**
Geh zur Sphäre des Merkur außen zum Fluss **OTTONE**	Geh zur Sphäre des Mondes außen zum Fluss **FUSTO**	Geh zur Sphäre des Saturn innen zum Fluss **CARIDDI**	Geh zur Sphäre des Mondes innen zum Fluss **NECCONE**	Geh zur Sphäre des Schafbocks innen zum Fluss **TIGRIS**	Geh zur Sphäre des Schützen innen zum Fluss **PESCHIERA**
Geh zur Sphäre des Schafbocks außen zum Fluss **VERMIGLIO**	Geh zur Sphäre des Saturn außen zum Fluss **NOLO**	Geh zur Sphäre des Saturn innen zum Fluss **ELSA**	Geh zur Sphäre des Mondes innen zum Fluss **CHIASCIO**	Geh zur Sphäre des Schafbocks innen zum Fluss **RANCO**	Geh zur Sphäre des Schützen innen zum Fluss **CHIENTI**
Geh zur Sphäre des Skorpions innen zum Fluss **SODO**	Geh zur Sphäre des Krebses außen zum Fluss **ASTO**			Geh zur Sphäre des Schafbocks innen zum Fluss **ERCOLE**	Geh zur Sphäre des Wassermanns innen zum Fluss **DONAU**
Geh zur Sphäre des Mondes außen zum Fluss **SOLE**	Geh zur Sphäre des Skorpions außen zum Fluss **IRION**			Geh zur Sphäre des Widders innen zum Fluss **JORDAN**	Geh zur Sphäre des Wassermanns innen zum Fluss **BRENTA**
Geh zur Sphäre des Stiers außen zum Fluss **ACERBO**	Geh zur Sphäre des Schützen außen zum Fluss **SALE**	Geh zur Sphäre der Venus innen zum Fluss **TESINO**	Geh zur Sphäre des Stiers innen zum Fluss **TESINO**	Geh zur Sphäre des Widders innen zum Fluss **PALMA**	Geh zur Sphäre des Wassermanns innen zum Fluss **TIBER**
Geh zur Sphäre des Schafbocks außen zum Fluss **CARIDDI**	Geh zur Sphäre des Merkur innen zum Fluss **MASOLA**	Geh zur Sphäre der Venus innen zum Fluss **FAIL**	Geh zur Sphäre des Stiers innen zum Fluss **NIL**	Geh zur Sphäre des Widders innen zum Fluss **ORCIA**	Geh zur Sphäre des Krebses innen zum Fluss **DONAU**
Geh zur Sphäre des Mondes außen zum Fluss **SILLA**	Geh zur Sphäre des Merkur innen zum Fluss **JORDAN**	Geh zur Sphäre der Venus innen zum Fluss **AQUILONE**	Geh zur Sphäre des Stiers innen zum Fluss **SIEVE**	Geh zur Sphäre des Steinbocks innen zum Fluss **OGLIO**	Geh zur Sphäre des Krebses innen zum Fluss **BRENTA**
Geh zur Sphäre des Skorpions innen zum Fluss **FRIGIDO**	Geh zur Sphäre des Merkur innen zum Fluss **ELSA**	Geh zur Sphäre des Skorpions innen zum Fluss **CARPENE**	Geh zur Sphäre der Zwillinge innen zum Fluss **RHONE**	Geh zur Sphäre des Steinbocks innen zum Fluss **ARNO**	Geh zur Sphäre des Krebses innen zum Fluss **LISO**

KREBS

Geh zur Sphäre des Schützen außen zum Fluss **THIESSCIO**	Geh zur Sphäre des Merkur innen zum Fluss **SIOLO**	Geh zur Sphäre des Merkur innen zum Fluss **CARIDDI**	Geh zur Sphäre des Mars innen zum Fluss **SABBIONE**	Geh zur Sphäre der Zwillinge innen zum Fluss **SILLA**	Geh zur Sphäre des Steinbocks innen zum Fluss **TRONTO**
Geh zur Sphäre des Wassermanns außen zum Fluss **BIANCO**	Geh zur Sphäre der Sonne innen zum Fluss **XANTHOS**	Geh zur Sphäre des Saturn innen zum Fluss **BIENTE**	Geh zur Sphäre des Mondes innen zum Fluss **ARNO**	Geh zur Sphäre der Zwillinge innen zum Fluss **SERCHIO**	Geh zur Sphäre des Schützen innen zum Fluss **DONAU**
Geh zur Sphäre des Mondes außen zum Fluss **ORCO**	Geh zur Sphäre des Skorpions außen zum Fluss **ORDEO**	Geh zur Sphäre des Saturn innen zum Fluss **SILLA**	Geh zur Sphäre des Mondes innen zum Fluss **ADDA**	Geh zur Sphäre des Schafbocks innen zum Fluss **EUPHRAT**	Geh zur Sphäre des Schützen innen zum Fluss **ETSCH**
Geh zur Sphäre des Krebses innen zum Fluss **VAR**	Geh zur Sphäre des Widders außen zum Fluss **RATTO**	Geh zur Sphäre des Saturn innen zum Fluss **ORCO**	Geh zur Sphäre des Mondes innen zum Fluss **POTENZA**	Geh zur Sphäre des Schafbocks innen zum Fluss **SELCE**	Geh zur Sphäre des Schützen innen zum Fluss **TIBER**
Geh zur Sphäre des Skorpions innen zum Fluss **STRECTO**	Geh zur Sphäre des Merkur außen zum Fluss **MONTE**			Geh zur Sphäre des Schafbocks innen zum Fluss **FOSCO**	Geh zur Sphäre des Wassermanns innen zum Fluss **TESINO**
Geh zur Sphäre des Skorpions innen zum Fluss **CAINA**	Geh zur Sphäre der Venus außen zum Fluss **OXUS**			Geh zur Sphäre des Widders innen zum Fluss **XANTHOS**	Geh zur Sphäre des Wassermanns innen zum Fluss **PALMA**
Geh zur Sphäre der Venus außen zum Fluss **FRANCO**	Geh zur Sphäre des Merkur innen zum Fluss **NERA**	Geh zur Sphäre des Mars innen zum Fluss **MASOLA**	Geh zur Sphäre der Zwillinge innen zum Fluss **EUPHRAT**	Geh zur Sphäre des Steinbocks innen zum Fluss **AMBRA**	Geh zur Sphäre des Krebses innen zum Fluss **PO**
Geh zur Sphäre des Merkur außen zum Fluss **ACERBO**	Geh zur Sphäre des Skorpions außen zum Fluss **FELTRO**	Geh zur Sphäre des Skorpions innen zum Fluss **BRENTA**	Geh zur Sphäre des Stiers innen zum Fluss **ADDA**	Geh zur Sphäre des Widders innen zum Fluss **PO**	Geh zur Sphäre des Wassermanns innen zum Fluss **MELLINO**
Geh zur Sphäre des Widders außen zum Fluss **CARIDDI**	Geh zur Sphäre der Sonne außen zum Fluss **TALCO**	Geh zur Sphäre der Venus innen zum Fluss **TRONTO**	Geh zur Sphäre des Stiers innen zum Fluss **JORDAN**	Geh zur Sphäre des Widders innen zum Fluss **ZANCONA**	Geh zur Sphäre der Zwillinge außen zum Fluss **ROSATO**
Geh zur Sphäre des Mars außen zum Fluss **SILLA**	Geh zur Sphäre des Wassermanns außen zum Fluss **ESTRUO**	Geh zur Sphäre des Mars innen zum Fluss **CHIRON**	Geh zur Sphäre des Stiers innen zum Fluss **ARBIA**	Geh zur Sphäre des Steinbocks innen zum Fluss **NAVILE**	Geh zur Sphäre des Krebses innen zum Fluss **PALMA**

SIRENE

Geh zur Sphäre des Skorpions außen zum Fluss **PONTE**	Geh zur Sphäre der Sonne außen zum Fluss **MASOLA**	Geh zur Sphäre der Sonne innen zum Fluss **ARNO**	Geh zur Sphäre des Mars innen zum Fluss **MARECCHIA**	Geh zur Sphäre der Zwillinge innen zum Fluss **ADDA**	Geh zur Sphäre des Schützen innen zum Fluss **ADDA**
Geh zur Sphäre des Widders außen zum Fluss **NIL**	Geh zur Sphäre des Wassermanns außen zum Fluss **CHIUSO**	Geh zur Sphäre des Saturn innen zum Fluss **PALMA**	Geh zur Sphäre des Mondes innen zum Fluss **NERA**	Geh zur Sphäre der Zwillinge innen zum Fluss **ORCIA**	Geh zur Sphäre des Schützen innen zum Fluss **PANÀRO**
Geh zur Sphäre des Saturn außen zum Fluss **DELFO**	Geh zur Sphäre des Widders außen zum Fluss **LANCIO**	Geh zur Sphäre des Saturn innen zum Fluss **DON**	Geh zur Sphäre des Mondes innen zum Fluss **RHONE**	Geh zur Sphäre des Schafbocks innen zum Fluss **ADDA**	Geh zur Sphäre des Wassermanns innen zum Fluss **JORDAN**
Geh zur Sphäre des Schützen außen zum Fluss **TELLO**	Geh zur Sphäre des Merkur außen zum Fluss **LATO**	Geh zur Sphäre der Venus innen zum Fluss **TELLO**	Geh zur Sphäre des Mondes innen zum Fluss **ZANCONA**	Geh zur Sphäre des Schafbocks innen zum Fluss **LETHE**	Geh zur Sphäre des Wassermanns innen zum Fluss **METAURO**
Geh zur Sphäre des Skorpions außen zum Fluss **SPADA**	Geh zur Sphäre der Venus außen zum Fluss **TERGO**			Geh zur Sphäre des Widders innen zum Fluss **OGLIO**	Geh zur Sphäre des Wassermanns innen zum Fluss **ARNO**
Geh zur Sphäre des Schafbocks außen zum Fluss **CAINA**	Geh zur Sphäre des Mars außen zum Fluss **RIBELLO**			Geh zur Sphäre des Widders innen zum Fluss **SERCHIO**	Geh zur Sphäre des Krebses innen zum Fluss **EUPHRAT**
Geh zur Sphäre der Venus außen zum Fluss **SORDO**	Geh zur Sphäre der Sonne außen zum Fluss **RETO**	Geh zur Sphäre der Venus innen zum Fluss **NERA**	Geh zur Sphäre des Stiers innen zum Fluss **PANÀRO**	Geh zur Sphäre des Widders innen zum Fluss **CHIASCIO**	Geh zur Sphäre des Krebses innen zum Fluss **OGLIO**
Geh zur Sphäre des Wassermanns außen zum Fluss **CARIDDI**	Geh zur Sphäre des Merkur innen zum Fluss **MELLINO**	Geh zur Sphäre der Venus innen zum Fluss **TIRON**	Geh zur Sphäre des Stiers innen zum Fluss **SILLA**	Geh zur Sphäre des Steinbocks innen zum Fluss **BRENTA**	Geh zur Sphäre des Krebses innen zum Fluss **ELENCO**
Geh zur Sphäre der Sonne außen zum Fluss **SILLA**	Geh zur Sphäre des Merkur innen zum Fluss **MARINO**	Geh zur Sphäre des Mars innen zum Fluss **NESTORE**	Geh zur Sphäre des Stiers innen zum Fluss **MARECCHIA**	Geh zur Sphäre des Steinbocks innen zum Fluss **MARECCHIA**	Geh zur Sphäre des Skorpions innen zum Fluss **VAR**
Geh zur Sphäre des Merkur außen zum Fluss **HUMIDO**	Geh zur Sphäre der Sonne innen zum Fluss **ADDA**	Geh zur Sphäre des Mars innen zum Fluss **NECCONE**	Geh zur Sphäre der Zwillinge innen zum Fluss **DONAU**	Geh zur Sphäre des Schützen innen zum Fluss **LICON**	Geh zur Sphäre des Skorpions innen zum Fluss **DOLO**

HIRSCH

Geh zur Sphäre des Skorpions außen zum Fluss **NIL**	Geh zur Sphäre des Stiers außen zum Fluss **LAURO**	Geh zur Sphäre der Sonne innen zum Fluss **RHONE**	Geh zur Sphäre des Mars innen zum Fluss **TOPINO**	Geh zur Sphäre des Stiers innen zum Fluss **TIBER**	Geh zur Sphäre des Steinbocks innen zum Fluss **TIBER**
Geh zur Sphäre der Sonne außen zum Fluss **FIORE**	Geh zur Sphäre des Saturn außen zum Fluss **BERTUS**	Geh zur Sphäre der Sonne innen zum Fluss **LETHE**	Geh zur Sphäre des Mars innen zum Fluss **CAINA**	Geh zur Sphäre der Zwillinge innen zum Fluss **JORDAN**	Geh zur Sphäre des Schützen innen zum Fluss **NIL**
Geh zur Sphäre der Sonne außen zum Fluss **DONAU**	Geh zur Sphäre des Krebses außen zum Fluss **MELISO**	Geh zur Sphäre des Saturn innen zum Fluss **CREON**	Geh zur Sphäre des Mars innen zum Fluss **TELOSO**	Geh zur Sphäre der Zwillinge innen zum Fluss **ETSCH**	Geh zur Sphäre des Schützen innen zum Fluss **SERRA**
Geh zur Sphäre des Wassermanns außen zum Fluss **MARECCHIA**	Geh zur Sphäre des Steinbocks außen zum Fluss **TORELLO**	Geh zur Sphäre des Saturn innen zum Fluss **PARTO**	Geh zur Sphäre des Mondes innen zum Fluss **MELLINO**	Geh zur Sphäre der Zwillinge innen zum Fluss **TIBER**	Geh zur Sphäre des Schützen innen zum Fluss **SERCHIO**
Geh zur Sphäre des Krebses außen zum Fluss **ANELLO**	Geh zur Sphäre des Stiers außen zum Fluss **ISO**			Geh zur Sphäre des Schafbocks innen zum Fluss **BIANCO**	Geh zur Sphäre des Wassermanns innen zum Fluss **NIL**
Geh zur Sphäre des Widders außen zum Fluss **CAINA**	Geh zur Sphäre des Mars außen zum Fluss **ARCHO**			Geh zur Sphäre des Schafbocks innen zum Fluss **MAGRA**	Geh zur Sphäre des Wassermanns innen zum Fluss **AMALTEO**
Geh zur Sphäre der Sonne außen zum Fluss **CAINA**	Geh zur Sphäre des Mondes außen zum Fluss **EUFEO**	Geh zur Sphäre der Venus innen zum Fluss **TIBER**	Geh zur Sphäre des Mondes innen zum Fluss **EUPHRAT**	Geh zur Sphäre des Widders innen zum Fluss **NAVILE**	Geh zur Sphäre des Wassermanns innen zum Fluss **TOSCO**
Geh zur Sphäre des Saturn außen zum Fluss **BOLO**	Geh zur Sphäre der Venus außen zum Fluss **EUFEO**	Geh zur Sphäre der Venus innen zum Fluss **DONAU**	Geh zur Sphäre des Mondes innen zum Fluss **TRONTO**	Geh zur Sphäre des Widders innen zum Fluss **AMBRA**	Geh zur Sphäre des Krebses innen zum Fluss **RHONE**
Geh zur Sphäre des Krebses außen zum Fluss **CARIDDE**	Geh zur Sphäre des Merkur innen zum Fluss **NESTORE**	Geh zur Sphäre der Venus innen zum Fluss **POUR**	Geh zur Sphäre des Stiers innen zum Fluss **OGLIO**	Geh zur Sphäre des Steinbocks innen zum Fluss **TESINO**	Geh zur Sphäre des Krebses innen zum Fluss **SERRA**
Geh zur Sphäre des Skorpions außen zum Fluss **CARIDDI**	Geh zur Sphäre des Merkur innen zum Fluss **ORCIA**	Geh zur Sphäre des Mars innen zum Fluss **ARNO**	Geh zur Sphäre des Stiers innen zum Fluss **VAR**	Geh zur Sphäre des Steinbocks innen zum Fluss **PALMA**	Geh zur Sphäre des Krebses innen zum Fluss **BELO**

DRACHEN

Geh zur Sphäre des Wassermanns außen zum Fluss **BELO**	Geh zur Sphäre des Skorpions außen zum Fluss **APPIO**	Geh zur Sphäre der Sonne innen zum Fluss **SALATO**	Geh zur Sphäre des Mars innen zum Fluss **TIRO**	Geh zur Sphäre der Zwillinge innen zum Fluss **PO**	Geh zur Sphäre des Steinbocks innen zum Fluss **PAGLIA**
Geh zur Sphäre des Krebses außen zum Fluss **VERDE**	Geh zur Sphäre des Steinbocks außen zum Fluss **EPULO**	Geh zur Sphäre des Saturn innen zum Fluss **SAVINO**	Geh zur Sphäre des Mondes innen zum Fluss **TIBER**	Geh zur Sphäre der Zwillinge innen zum Fluss **ARNO**	Geh zur Sphäre des Schützen innen zum Fluss **VAR**
Geh zur Sphäre des Mars außen zum Fluss **GIALLO**	Geh zur Sphäre des Stiers außen zum Fluss **SAVINO**	Geh zur Sphäre des Saturn innen zum Fluss **NECCONE**	Geh zur Sphäre des Mondes innen zum Fluss **PANÀRO**	Geh zur Sphäre des Schafbocks innen zum Fluss **DON**	Geh zur Sphäre des Schützen innen zum Fluss **BRENTA**
Geh zur Sphäre des Widders außen zum Fluss **LAUS**	Geh zur Sphäre des Mars außen zum Fluss **TARON**	Geh zur Sphäre des Saturn innen zum Fluss **ANTO**	Geh zur Sphäre des Mondes innen zum Fluss **SERCHIO**	Geh zur Sphäre des Schafbocks innen zum Fluss **TENTO**	Geh zur Sphäre des Schützen innen zum Fluss **MELLINO**
Geh zur Sphäre des Saturn außen zum Fluss **LARGO**	Geh zur Sphäre der Sonne außen zum Fluss **RAPIDO**			Geh zur Sphäre des Schafbocks innen zum Fluss **GOLA**	Geh zur Sphäre des Wassermanns innen zum Fluss **ADDA**
Geh zur Sphäre des Stiers außen zum Fluss **CAINA**	Geh zur Sphäre des Saturn außen zum Fluss **RONCO**			Geh zur Sphäre des Widders innen zum Fluss **TESINO**	Geh zur Sphäre des Wassermanns innen zum Fluss **RHONE**
Geh zur Sphäre des Mondes außen zum Fluss **ACERBO**	Geh zur Sphäre des Krebses außen zum Fluss **LESULO**	Geh zur Sphäre der Venus innen zum Fluss **RHONE**	Geh zur Sphäre des Stiers innen zum Fluss **ETSCH**	Geh zur Sphäre des Widders innen zum Fluss **PANÀRO**	Geh zur Sphäre des Krebses innen zum Fluss **XANTHOS**
Geh zur Sphäre des Steinbocks außen zum Fluss **CARIDDI**	Geh zur Sphäre des Merkur innen zum Fluss **CHIASCIO**	Geh zur Sphäre der Venus innen zum Fluss **MARIS**	Geh zur Sphäre des Stiers innen zum Fluss **METAURO**	Geh zur Sphäre des Widders innen zum Fluss **CHIANI**	Geh zur Sphäre des Krebses innen zum Fluss **TESINO**
Geh zur Sphäre der Venus außen zum Fluss **SILLA**	Geh zur Sphäre des Merkur innen zum Fluss **TRONTO**	Geh zur Sphäre des Mars innen zum Fluss **TIBER**	Geh zur Sphäre des Stiers innen zum Fluss **ORCIA**	Geh zur Sphäre des Steinbocks innen zum Fluss **PESCHIERA**	Geh zur Sphäre des Krebses innen zum Fluss **PANÀRO**
Geh zur Sphäre des Mars außen zum Fluss **CEUFEL**	Geh zur Sphäre des Merkur innen zum Fluss **ZANCONA**	Geh zur Sphäre des Mars innen zum Fluss **TIDEO**	Geh zur Sphäre der Zwillinge innen zum Fluss **TIGRIS**	Geh zur Sphäre des Steinbocks innen zum Fluss **ARBIA**	Geh zur Sphäre des Skorpions innen zum Fluss **JORDAN**

LÖWE

Geh zur Sphäre des Krebses außen zum Fluss **LEONE**	Geh zur Sphäre des Krebses außen zum Fluss **RESULO**	Geh zur Sphäre der Sonne innen zum Fluss **LOSCO**	Geh zur Sphäre des Mars innen zum Fluss **SERCHIO**	Geh zur Sphäre der Zwillinge innen zum Fluss **TESINO**	Geh zur Sphäre des Steinbocks innen zum Fluss **XANTHOS**
Geh zur Sphäre des Schafbocks außen zum Fluss **BIGIO**	Geh zur Sphäre des Schützen außen zum Fluss **ANCORO**	Geh zur Sphäre des Saturn innen zum Fluss **PANÀRO**	Geh zur Sphäre des Mondes innen zum Fluss **TOPINO**	Geh zur Sphäre der Zwillinge innen zum Fluss **ELSA**	Geh zur Sphäre des Schützen innen zum Fluss **TESINO**
Geh zur Sphäre der Venus außen zum Fluss **RAMO**	Geh zur Sphäre des Schafbocks außen zum Fluss **CASTELLO**	Geh zur Sphäre des Saturn innen zum Fluss **GANGES**	Geh zur Sphäre des Mondes innen zum Fluss **TESINO**	Geh zur Sphäre des Schafbocks innen zum Fluss **NIL**	Geh zur Sphäre des Schützen innen zum Fluss **PALMATA**
Geh zur Sphäre des Steinbocks außen zum Fluss **PERSO**	Geh zur Sphäre des Mondes außen zum Fluss **LITO**	Geh zur Sphäre des Saturn innen zum Fluss **LEALE**	Geh zur Sphäre des Mondes innen zum Fluss **MARECCHIA**	Geh zur Sphäre des Schafbocks innen zum Fluss **VALENSO**	Geh zur Sphäre des Wassermanns innen zum Fluss **DRAU**
Geh zur Sphäre der Sonne außen zum Fluss **HELIKON**	Geh zur Sphäre des Saturn außen zum Fluss **ISTER**			Geh zur Sphäre des Schafbocks innen zum Fluss **INDUS**	Geh zur Sphäre des Wassermanns innen zum Fluss **OGLIO**
Geh zur Sphäre der Zwillinge außen zum Fluss **CAINA**	Geh zur Sphäre der Venus außen zum Fluss **ALTO**			Geh zur Sphäre des Widders innen zum Fluss **ADDA**	Geh zur Sphäre des Wassermanns innen zum Fluss **MARECCHIA**
Geh zur Sphäre des Mars außen zum Fluss **CARO**	Geh zur Sphäre des Skorpions außen zum Fluss **FINO**	Geh zur Sphäre der Venus innen zum Fluss **ALFIOS**	Geh zur Sphäre des Stiers innen zum Fluss **BRENTA**	Geh zur Sphäre des Widders innen zum Fluss **SIEVE**	Geh zur Sphäre des Krebses innen zum Fluss **JORDAN**
Geh zur Sphäre des Schützen außen zum Fluss **CARIDDI**	Geh zur Sphäre des Merkur innen zum Fluss **TIBER**	Geh zur Sphäre der Venus innen zum Fluss **FASIN**	Geh zur Sphäre des Stiers innen zum Fluss **CARIDDE**	Geh zur Sphäre des Widders innen zum Fluss **TIBER**	Geh zur Sphäre des Krebses innen zum Fluss **ADDA**
Geh zur Sphäre des Saturn außen zum Fluss **SILLA**	Geh zur Sphäre des Merkur innen zum Fluss **ADDA**	Geh zur Sphäre des Mars innen zum Fluss **PO**	Geh zur Sphäre des Stiers innen zum Fluss **ZANCONA**	Geh zur Sphäre des Steinbocks innen zum Fluss **ETSCH**	Geh zur Sphäre des Krebses innen zum Fluss **ARNO**
Geh zur Sphäre des Mondes außen zum Fluss **ALFIOS**	Geh zur Sphäre des Merkur innen zum Fluss **PALMA**	Geh zur Sphäre des Mars innen zum Fluss **NERA**	Geh zur Sphäre der Zwillinge innen zum Fluss **NIL**	Geh zur Sphäre des Steinbocks innen zum Fluss **ORCIA**	Geh zur Sphäre des Skorpions innen zum Fluss **DONAU**

PFERD

Geh zur Sphäre des Apollo außen zum Fluss **PO**	Geh zur Sphäre des Apollo innen zum Fluss **MELLINO**	Geh zur Sphäre des Kristalls innen zum Fluss **ARNO**	Geh zur Sphäre des Jupiters außen zum Fluss **TROIANO**	Geh zur Sphäre der Jungfrau außen zum Fluss **ARNO**	Geh zur Sphäre der Jungfrau innen zum Fluss **NAVILE**
Geh zur Sphäre des Kristalls außen zum Fluss **TIBER**	Geh zur Sphäre des Apollo innen zum Fluss **DELOS**	Geh zur Sphäre des Kristalls innen zum Fluss **BRENTA**	Geh zur Sphäre des Jupiters außen zum Fluss **DUERO**	Geh zur Sphäre der Jungfrau außen zum Fluss **CAINA**	Geh zur Sphäre der Jungfrau innen zum Fluss **ROSA**
Geh zur Sphäre des Apollo außen zum Fluss **STAINO**	Geh zur Sphäre des Apollo innen zum Fluss **GENNA**	Geh zur Sphäre des Kristalls innen zum Fluss **ERBA**	Geh zur Sphäre des Jupiters außen zum Fluss **SILLA**	Geh zur Sphäre der Jungfrau außen zum Fluss **ELSA**	Geh zur Sphäre der Waage außen zum Fluss **BIANCO**
Geh zur Sphäre des Apollo außen zum Fluss **SILLA**	Geh zur Sphäre des Apollo innen zum Fluss **STAINO**	Geh zur Sphäre des Kristalls innen zum Fluss **MOLLE**	Geh zur Sphäre des Jupiters innen zum Fluss **DELFO**	Geh zur Sphäre der Jungfrau außen zum Fluss **IBERNA**	Geh zur Sphäre der Waage außen zum Fluss **DELFO**
Geh zur Sphäre des Apollo außen zum Fluss **NIL**	Geh zur Sphäre des Kristalls außen zum Fluss **DONAU**			Geh zur Sphäre der Jungfrau außen zum Fluss **MASOLA**	Geh zur Sphäre der Waage außen zum Fluss **FASIN**
Geh zur Sphäre des Apollo außen zum Fluss **ATALANTO**	Geh zur Sphäre des Kristalls außen zum Fluss **TIGRIS**			Geh zur Sphäre der Jungfrau außen zum Fluss **ONTONE**	Geh zur Sphäre der Waage außen zum Fluss **IBERNO**
Geh zur Sphäre des Apollo außen zum Fluss **XANTHOS**	Geh zur Sphäre des Kristalls außen zum Fluss **ATALANTO**	Geh zur Sphäre des Kristalls innen zum Fluss **RASO**	Geh zur Sphäre des Jupiters innen zum Fluss **LENTO**	Geh zur Sphäre der Jungfrau innen zum Fluss **BALACO**	Geh zur Sphäre der Waage außen zum Fluss **MELLINO**
Geh zur Sphäre des Apollo außen zum Fluss **PESCHARA**	Geh zur Sphäre des Kristalls außen zum Fluss **ZANCONA**	Geh zur Sphäre des Jupiters außen zum Fluss **BIENTE**	Geh zur Sphäre des Jupiters innen zum Fluss **ORIGANO**	Geh zur Sphäre der Jungfrau innen zum Fluss **DURAZZO**	Geh zur Sphäre der Waage innen zum Fluss **AMARO**
Geh zur Sphäre des Apollo außen zum Fluss **GENNA**	Geh zur Sphäre des Kristalls außen zum Fluss **METAURO**	Geh zur Sphäre des Jupiters außen zum Fluss **GENNA**	Geh zur Sphäre des Jupiters innen zum Fluss **REALE**	Geh zur Sphäre der Jungfrau innen zum Fluss **FALASCO**	Geh zur Sphäre der Waage innen zum Fluss **CAINA**
Geh zur Sphäre des Apollo innen zum Fluss **PANÀRO**	Geh zur Sphäre des Kristalls außen zum Fluss **LORTA**	Geh zur Sphäre des Jupiters außen zum Fluss **OGLIO**	Geh zur Sphäre des Jupiters innen zum Fluss **XANTHOS**	Geh zur Sphäre der Jungfrau innen zum Fluss **LOSSA**	Geh zur Sphäre der Waage innen zum Fluss **FONTE**

HUND

Geh zur Sphäre des Kristalls außen zum Fluss **JORDAN**	Geh zur Sphäre des Apollo innen zum Fluss **DIANO**	Geh zur Sphäre des Kristalls innen zum Fluss **FASIN**	Geh zur Sphäre des Jupiters außen zum Fluss **JORDAN**	Geh zur Sphäre der Jungfrau außen zum Fluss **FONDO**	Geh zur Sphäre der Waage außen zum Fluss **CARIDDE**
Geh zur Sphäre des Apollo außen zum Fluss **TRONTO**	Geh zur Sphäre des Apollo innen zum Fluss **TRONTO**	Geh zur Sphäre des Kristalls innen zum Fluss **NUBEN**	Geh zur Sphäre des Jupiters innen zum Fluss **EMOLO**	Geh zur Sphäre der Jungfrau außen zum Fluss **INDUS**	Geh zur Sphäre der Waage außen zum Fluss **DONAU**
Geh zur Sphäre des Apollo außen zum Fluss **DONAU**	Geh zur Sphäre des Kristalls außen zum Fluss **RHONE**	Geh zur Sphäre des Kristalls innen zum Fluss **SAL**	Geh zur Sphäre des Jupiters innen zum Fluss **MELSO**	Geh zur Sphäre der Jungfrau außen zum Fluss **METAURO**	Geh zur Sphäre der Waage außen zum Fluss **FINMEGINO**
Geh zur Sphäre des Apollo außen zum Fluss **NERA**	Geh zur Sphäre des Kristalls außen zum Fluss **MASOLA**	Geh zur Sphäre des Jupiters außen zum Fluss **CARIDDI**	Geh zur Sphäre des Jupiters innen zum Fluss **PANÀRO**	Geh zur Sphäre der Jungfrau außen zum Fluss **POTENZA**	Geh zur Sphäre der Waage außen zum Fluss **LOSCANO**
Geh zur Sphäre des Apollo außen zum Fluss **POTENZA**	Geh zur Sphäre des Kristalls außen zum Fluss **MELLINO**			Geh zur Sphäre der Jungfrau innen zum Fluss **BOREO**	Geh zur Sphäre der Waage außen zum Fluss **NESTORE**
Geh zur Sphäre des Apollo außen zum Fluss **TOSCANO**	Geh zur Sphäre des Kristalls außen zum Fluss **MALACCHIA**			Geh zur Sphäre der Jungfrau innen zum Fluss **DONAU**	Geh zur Sphäre der Waage innen zum Fluss **AMBRO**
Geh zur Sphäre des Apollo außen zum Fluss **BRENTA**	Geh zur Sphäre des Kristalls außen zum Fluss **TOPINO**	Geh zur Sphäre des Jupiters außen zum Fluss **ISCHIO**	Geh zur Sphäre des Jupiters innen zum Fluss **RHONE**	Geh zur Sphäre der Jungfrau innen zum Fluss **GENNA**	Geh zur Sphäre der Waage innen zum Fluss **CHIANI**
Geh zur Sphäre des Apollo innen zum Fluss **SAVIO**	Geh zur Sphäre des Kristalls innen zum Fluss **PO**	Geh zur Sphäre des Jupiters außen zum Fluss **PESCHIERA**	Geh zur Sphäre des Jupiters innen zum Fluss **DON**	Geh zur Sphäre der Jungfrau innen zum Fluss **LEUMINO**	Geh zur Sphäre der Waage innen zum Fluss **FORTE**
Geh zur Sphäre des Apollo innen zum Fluss **LAMBICO**	Geh zur Sphäre des Kristalls innen zum Fluss **CAINA**	Geh zur Sphäre des Jupiters außen zum Fluss **VERMIGLIO**	Geh zur Sphäre der Jungfrau außen zum Fluss **ETSCH**	Geh zur Sphäre der Jungfrau innen zum Fluss **OGLIO**	Geh zur Sphäre der Waage innen zum Fluss **MELSO**
Geh zur Sphäre des Apollo innen zum Fluss **DOLO**	Geh zur Sphäre des Kristalls innen zum Fluss **SERRA**	Geh zur Sphäre des Jupiters außen zum Fluss **HELIKON**	Geh zur Sphäre der Jungfrau außen zum Fluss **CARIDDE**	Geh zur Sphäre der Waage außen zum Fluss **ARNO**	Geh zur Sphäre der Waage innen zum Fluss **OGLIO**

SCHWEIN

Geh zur Sphäre des Apollo außen zum Fluss **BIENTE**	Geh zur Sphäre des Kristalls außen zum Fluss **EUPHRAT**	Geh zur Sphäre des Kristalls innen zum Fluss **TESINO**	Geh zur Sphäre des Jupiters innen zum Fluss **NESTORE**	Geh zur Sphäre der Jungfrau außen zum Fluss **NESTORE**	Geh zur Sphäre der Waage außen zum Fluss **GALANGA**
Geh zur Sphäre des Apollo außen zum Fluss **PALMA**	Geh zur Sphäre des Kristalls außen zum Fluss **LORANTO**	Geh zur Sphäre des Jupiters außen zum Fluss **DONAU**	Geh zur Sphäre des Jupiters innen zum Fluss **POTENZA**	Geh zur Sphäre der Jungfrau außen zum Fluss **PANÀRO**	Geh zur Sphäre der Waage außen zum Fluss **LEALE**
Geh zur Sphäre des Apollo außen zum Fluss **DON**	Geh zur Sphäre des Kristalls außen zum Fluss **TOSCANO**	Geh zur Sphäre des Jupiters außen zum Fluss **ISMENO**	Geh zur Sphäre des Jupiters innen zum Fluss **RIVO**	Geh zur Sphäre der Jungfrau innen zum Fluss **CAINA**	Geh zur Sphäre der Waage außen zum Fluss **OGLIO**
Geh zur Sphäre des Apollo außen zum Fluss **CAINA**	Geh zur Sphäre des Kristalls außen zum Fluss **CHIANI**	Geh zur Sphäre des Jupiters außen zum Fluss **QUERICON**	Geh zur Sphäre des Jupiters innen zum Fluss **TRONTO**	Geh zur Sphäre der Jungfrau innen zum Fluss **ERCOLE**	Geh zur Sphäre der Waage innen zum Fluss **BIENTE**
Geh zur Sphäre des Apollo innen zum Fluss **PO**	Geh zur Sphäre des Kristalls außen zum Fluss **CARIDDI**			Geh zur Sphäre der Jungfrau innen zum Fluss **GROSSO**	Geh zur Sphäre der Waage innen zum Fluss **DONAU**
Geh zur Sphäre des Apollo innen zum Fluss **NAVILE**	Geh zur Sphäre des Kristalls innen zum Fluss **DOLO**			Geh zur Sphäre der Jungfrau innen zum Fluss **MARE**	Geh zur Sphäre der Waage innen zum Fluss **GENNA**
Geh zur Sphäre des Apollo innen zum Fluss **SIEVE**	Geh zur Sphäre des Kristalls innen zum Fluss **CHIASCIO**	Geh zur Sphäre des Jupiters außen zum Fluss **ETSCH**	Geh zur Sphäre der Jungfrau außen zum Fluss **BIENTE**	Geh zur Sphäre der Jungfrau innen zum Fluss **OMBRONE**	Geh zur Sphäre der Waage innen zum Fluss **NAVILE**
Geh zur Sphäre des Apollo innen zum Fluss **MOTO**	Geh zur Sphäre des Kristalls innen zum Fluss **TIBER**	Geh zur Sphäre des Jupiters außen zum Fluss **FALLACE**	Geh zur Sphäre der Jungfrau außen zum Fluss **DIANO**	Geh zur Sphäre der Waage außen zum Fluss **ETSCH**	Geh zur Sphäre der Waage innen zum Fluss **PALMA**
Geh zur Sphäre des Apollo innen zum Fluss **NOVO**	Geh zur Sphäre des Kristalls innen zum Fluss **GIALLO**	Geh zur Sphäre des Jupiters innen zum Fluss **ADDA**	Geh zur Sphäre der Jungfrau außen zum Fluss **FOSSATO**	Geh zur Sphäre der Waage außen zum Fluss **CAINA**	Geh zur Sphäre der Waage innen zum Fluss **RODO**
Geh zur Sphäre des Apollo innen zum Fluss **CARO**	Geh zur Sphäre des Kristalls innen zum Fluss **OGLIO**	Geh zur Sphäre des Jupiters innen zum Fluss **FALASCO**	Geh zur Sphäre der Jungfrau innen zum Fluss **ORCIA**	Geh zur Sphäre der Waage außen zum Fluss **EUFEO**	Geh zur Sphäre der Waage innen zum Fluss **SILLA**

HAHN

Geh zur Sphäre des Apollo außen zum Fluss **NAVILE**	Geh zur Sphäre des Apollo innen zum Fluss **ARNO**	Geh zur Sphäre des Kristalls innen zum Fluss **POTENZA**	Geh zur Sphäre des Jupiters innen zum Fluss **GENNA**	Geh zur Sphäre der Jungfrau außen zum Fluss **LAURO**	Geh zur Sphäre der Waage außen zum Fluss **ESTRUO**
Geh zur Sphäre des Apollo außen zum Fluss **MARECCHIA**	Geh zur Sphäre des Kristalls außen zum Fluss **ARNO**	Geh zur Sphäre des Kristalls innen zum Fluss **VECCHIO**	Geh zur Sphäre des Jupiters innen zum Fluss **NAVILE**	Geh zur Sphäre der Jungfrau außen zum Fluss **NEKTALIM**	Geh zur Sphäre der Waage außen zum Fluss **GENNA**
Geh zur Sphäre des Apollo außen zum Fluss **ARNO**	Geh zur Sphäre des Kristalls außen zum Fluss **SARDIGNO**	Geh zur Sphäre des Jupiters außen zum Fluss **ERCOLE**	Geh zur Sphäre des Jupiters innen zum Fluss **PO**	Geh zur Sphäre der Jungfrau innen zum Fluss **ARNO**	Geh zur Sphäre der Waage außen zum Fluss **MARECCHIA**
Geh zur Sphäre des Apollo außen zum Fluss **MELLINO**	Geh zur Sphäre des Kristalls außen zum Fluss **PENTHEUS**	Geh zur Sphäre des Jupiters außen zum Fluss **MELLINO**	Geh zur Sphäre des Jupiters innen zum Fluss **RATTO**	Geh zur Sphäre der Jungfrau außen zum Fluss **CARIDDI**	Geh zur Sphäre der Waage außen zum Fluss **PALMA**
Geh zur Sphäre des Apollo außen zum Fluss **NECCONE**	Geh zur Sphäre des Kristalls außen zum Fluss **CHIENTI**			Geh zur Sphäre der Jungfrau innen zum Fluss **ELIUD**	Geh zur Sphäre der Waage innen zum Fluss **BOREO**
Geh zur Sphäre des Apollo innen zum Fluss **DELO**	Geh zur Sphäre des Kristalls außen zum Fluss **BERTUS**			Geh zur Sphäre der Jungfrau innen zum Fluss **JOTA**	Geh zur Sphäre der Waage innen zum Fluss **DIANO**
Geh zur Sphäre des Apollo innen zum Fluss **NESTORE**	Geh zur Sphäre des Kristalls innen zum Fluss **PALMA**	Geh zur Sphäre des Jupiters außen zum Fluss **RATTO**	Geh zur Sphäre des Jupiters innen zum Fluss **VIVO**	Geh zur Sphäre der Jungfrau innen zum Fluss **MELSO**	Geh zur Sphäre der Waage innen zum Fluss **LOSSA**
Geh zur Sphäre des Apollo innen zum Fluss **SALE**	Geh zur Sphäre des Kristalls innen zum Fluss **MARE**	Geh zur Sphäre des Jupiters außen zum Fluss **BALACO**	Geh zur Sphäre der Jungfrau außen zum Fluss **BRENTA**	Geh zur Sphäre der Jungfrau innen zum Fluss **POTENZA**	Geh zur Sphäre der Waage innen zum Fluss **NESTORE**
Geh zur Sphäre des Apollo innen zum Fluss **PELO**	Geh zur Sphäre des Kristalls innen zum Fluss **CORSO**	Geh zur Sphäre des Jupiters außen zum Fluss **GENTILE**	Geh zur Sphäre der Jungfrau außen zum Fluss **DELFO**	Geh zur Sphäre der Waage außen zum Fluss **AUSTRO**	Geh zur Sphäre der Waage innen zum Fluss **PO**
Geh zur Sphäre des Apollo innen zum Fluss **SERRA**	Geh zur Sphäre des Kristalls innen zum Fluss **INDUS**	Geh zur Sphäre des Jupiters innen zum Fluss **BRENTA**	Geh zur Sphäre der Jungfrau außen zum Fluss **GROSSO**	Geh zur Sphäre der Waage außen zum Fluss **CORINTO**	Geh zur Sphäre der Waage innen zum Fluss **POLO**

JUNGFRAU

Geh zur Sphäre des Apollo außen zum Fluss **SALSO**	Geh zur Sphäre des Apollo innen zum Fluss **SALSO**	Geh zur Sphäre des Kristalls innen zum Fluss **QUALIS**	Geh zur Sphäre des Jupiters innen zum Fluss **JACINTO**	Geh zur Sphäre der Jungfrau außen zum Fluss **MARECCHIA**	Geh zur Sphäre der Waage außen zum Fluss **DURAZZO**
Geh zur Sphäre des Apollo außen zum Fluss **SANGUINO**	Geh zur Sphäre des Kristalls außen zum Fluss **SERPENTE**	Geh zur Sphäre des Jupiters außen zum Fluss **ARNO**	Geh zur Sphäre des Jupiters innen zum Fluss **OGLIO**	Geh zur Sphäre der Jungfrau außen zum Fluss **OGLIO**	Geh zur Sphäre der Waage außen zum Fluss **ISTER**
Geh zur Sphäre des Apollo außen zum Fluss **ETSCH**	Geh zur Sphäre des Kristalls außen zum Fluss **NECCONE**	Geh zur Sphäre des Jupiters außen zum Fluss **FONTANA**	Geh zur Sphäre des Jupiters innen zum Fluss **QUANTO**	Geh zur Sphäre der Jungfrau innen zum Fluss **ETSCH**	Geh zur Sphäre der Waage außen zum Fluss **METAURO**
Geh zur Sphäre des Apollo außen zum Fluss **AUENTIA**	Geh zur Sphäre des Kristalls außen zum Fluss **CARPENE**	Geh zur Sphäre des Jupiters außen zum Fluss **NESTORE**	Geh zur Sphäre des Jupiters innen zum Fluss **SECCA**	Geh zur Sphäre der Jungfrau innen zum Fluss **CORINTO**	Geh zur Sphäre der Waage innen zum Fluss **ARNO**
Geh zur Sphäre des Apollo außen zum Fluss **CHIASCIO**	Geh zur Sphäre des Kristalls außen zum Fluss **ADDA**			Geh zur Sphäre der Jungfrau innen zum Fluss **FINMEGINO**	Geh zur Sphäre der Waage innen zum Fluss **CARIDDI**
Geh zur Sphäre des Apollo innen zum Fluss **CAINA**	Geh zur Sphäre des Kristalls außen zum Fluss **DUBITOSO**			Geh zur Sphäre der Jungfrau innen zum Fluss **ITALICO**	Geh zur Sphäre der Waage innen zum Fluss **ELSA**
Geh zur Sphäre des Apollo innen zum Fluss **PESCHIERA**	Geh zur Sphäre des Kristalls innen zum Fluss **NIL**	Geh zur Sphäre des Jupiters außen zum Fluss **SERCHIO**	Geh zur Sphäre des Jupiters innen zum Fluss **VAR**	Geh zur Sphäre der Jungfrau innen zum Fluss **NESTORE**	Geh zur Sphäre der Waage innen zum Fluss **MARE**
Geh zur Sphäre des Apollo innen zum Fluss **LIO**	Geh zur Sphäre des Kristalls innen zum Fluss **TOPINO**	Geh zur Sphäre des Jupiters außen zum Fluss **CAINA**	Geh zur Sphäre der Jungfrau außen zum Fluss **CHIASCIO**	Geh zur Sphäre der Jungfrau innen zum Fluss **PANÀRO**	Geh zur Sphäre der Waage innen zum Fluss **ORCIA**
Geh zur Sphäre des Apollo innen zum Fluss **LIBIO**	Geh zur Sphäre des Kristalls innen zum Fluss **DELFO**	Geh zur Sphäre des Jupiters außen zum Fluss **ITERNA**	Geh zur Sphäre der Jungfrau außen zum Fluss **ELISO**	Geh zur Sphäre der Waage außen zum Fluss **BASSETO**	Geh zur Sphäre der Waage innen zum Fluss **PANÀRO**
Geh zur Sphäre des Apollo innen zum Fluss **TESINO**	Geh zur Sphäre des Kristalls innen zum Fluss **LOSSA**	Geh zur Sphäre des Jupiters innen zum Fluss **CARO**	Geh zur Sphäre der Jungfrau außen zum Fluss **GELSO**	Geh zur Sphäre der Waage außen zum Fluss **DUERO**	Geh zur Sphäre der Waage innen zum Fluss **SERRA**

SONNE
CHIASCIO – Geh zum Propheten David zu Vers 6
JORDAN – Geh zum Propheten David zu Vers 1
MARECCHIA – Geh zum Propheten David zu Vers 12
JOTA – Geh zum Propheten David zu Vers 56
LUPO – Geh zum Propheten David zu Vers 45
FRIGIDO – Geh zum Propheten Jakob zu Vers 29
NUIL – Geh zum Propheten Daniel zu Vers 39
ARDENZA – Geh zum Propheten Nabuk zu Vers 31
ULTIMO – Geh zum Propheten Daniel zu Vers 16
PILO – Geh zum Propheten Jakob zu Vers 19
MORO – Geh zum Propheten David zu Vers 27
MASOLA – Geh zum Propheten Ezechiel zu Vers 15
SERMEL – Geh zum Propheten Ezechiel zu Vers 16
TARTO – Geh zum Propheten Abraham zu Vers 15
RAPIDO – Geh zum Propheten Abraham zu Vers 16
TALCO – Geh zum Propheten Nekraim zu Vers 17
RETO – Geh zum Propheten Nabuk zu Vers 21
RUSPO – Geh zum Propheten David zu Vers 40
LOSSO – Geh zum Propheten David zu Vers 19
SILLA – Geh zum Propheten David zu Vers 11
CARIDDI – Geh zum Propheten David zu Vers 10
CAINA – Geh zum Propheten David zu Vers 9
SERCHIO – Geh zum Propheten David zu Vers 8
HELIKON – Geh zum Propheten David zu Vers 7
SAVE – Geh zum Propheten David zu Vers 3
DONAU – Geh zum Propheten David zu Vers 5
FIORE – Geh zum Propheten David zu Vers 2
DELFO – Geh zum Propheten David zu Vers 4
PO – Geh zum Propheten David zu Vers 22
GUASTO – Geh zum Propheten David zu Vers 25
POLITO – Geh zum Propheten David zu Vers 29
PONTE – Geh zum Propheten Jakob zu Vers 40
ADDA – Geh zum Propheten Adam zu Vers 23
RHONE – Geh zum Propheten Joseph zu Vers 29
AMBRO – Geh zum Propheten Jakob zu Vers 23
JORDAN – Geh zum Propheten David zu Vers 31
TESINO – Geh zum Propheten Daniel zu Vers 33
POTENZA – Geh zum Propheten Abraham zu Vers 28
XANTHOS – Geh zum Propheten Jesaja zu Vers 29
SALATO – Geh zum Propheten Isaak zu Vers 30
LOSCO – Geh zum Propheten Noah zu Vers 29
ARNO – Geh zum Propheten Nabuk zu Vers 33
LETHE – Geh zum Propheten Nekraim zu Vers 29
VAR – Geh zum Propheten Bileam zu Vers 29
ESULO – Geh zum Propheten Tobias zu Vers 25
MELSO – Geh zum Propheten Methu-salem zu Vers 27
NIL – Geh zum Propheten Adam zu Vers 28
BRENTA – Geh zum Propheten Joseph zu Vers 30
TIRON – Geh zum Propheten Jakob zu Vers 47
SIEVE – Geh zum Propheten David zu Vers 32
SEXTO – Geh zum Propheten Joseph zu Vers 26
BORO – Geh zum Propheten Ezechiel zu Vers 33
TOSO – Geh zum Propheten Abraham zu Vers 29
ISCHIO – Geh zum Propheten Jesaja zu Vers 33
RITONDO – Geh zum Propheten Isaak zu Vers 31
PANÀRO – Geh zum Propheten Jakob zu Vers 45

SATURN
TRONTO
Geh zum Propheten Daniel zu Vers 13
TITA
Geh zum Propheten Daniel zu Vers 21
APSUS
Geh zum Propheten Daniel zu Vers 25
SELEF
Geh zum Propheten Joseph zu Vers 24
OREA
Geh zum Propheten David zu Vers 53
BAETIS
Geh zum Propheten David zu Vers 24
TERRENO
Geh zum Propheten Jakob zu Vers 16
ROSA
Geh zum Propheten David zu Vers 21
ARTO
Geh zum Propheten Daniel zu Vers 48
BERTUS
Geh zum Propheten Abraham zu Vers 13
LERIPE
Geh zum Propheten Abraham zu Vers 14
NOLO
Geh zum Propheten Jesaja zu Vers 14
ISTER
Geh zum Propheten Jesaja zu Vers 15
RONCO
Geh zum Propheten Nabuk zu Vers 20
RIGANTO
Geh zum Propheten Daniel zu Vers 26
ROSATO
Geh zum Propheten Daniel zu Vers 24
SIGIO
Geh zum Propheten Daniel zu Vers 19
MELLINO
Geh zum Propheten Daniel zu Vers 22
SILLA
Geh zum Propheten Daniel zu Vers 9
CARIDDI
Geh zum Propheten Daniel zu Vers 8
BOLO
Geh zum Propheten Daniel zu Vers 7
SASSO
Geh zum Propheten Daniel zu Vers 6
LARGO
Geh zum Propheten Daniel zu Vers 5
PESA
Geh zum Propheten Daniel zu Vers 4
DELFO
Geh zum Propheten Daniel zu Vers 2
JORDAN
Geh zum Propheten Daniel zu Vers 1
ROSCIO
Geh zum Propheten Daniel zu Vers 30
RHONE
Geh zum Propheten Daniel zu Vers 3
TESINO
Geh zum Propheten Nektalim zu Vers 56
APSUS
Geh zum Propheten David zu Vers 42
TIBER
Geh zum Propheten David zu Vers 33
ARNO
Geh zum Propheten Daniel zu Vers 36
ADDA
Geh zum Propheten Abraham zu Vers 34
BIENTE
Geh zum Propheten Jesaja zu Vers 34
SAVINO
Geh zum Propheten Isaak zu Vers 32
PANARO
Geh zum Propheten Noah zu Vers 32
PALMA
Geh zum Propheten Nabuk zu Vers 35
CREON
Geh zum Propheten Nektalim zu Vers 30
POTENZA
Geh zum Propheten Bileam zu Vers 30
SOLONE
Geh zum Propheten Tobias zu Vers 33
AURO
Geh zum Propheten Methu-salem zu Vers 28
CARIDDI
Geh zum Propheten Adam zu Vers 29
SILLA
Geh zum Propheten Joseph zu Vers 31
NECCONE
Geh zum Propheten Jakob zu Vers 24
GANGES
Geh zum Propheten David zu Vers 34
DON
Geh zum Propheten Daniel zu Vers 37
PARTO
Geh zum Propheten Ezechiel zu Vers 35
CARPENE
Geh zum Propheten Abraham zu Vers 35
ARENO
Geh zum Propheten Jesaja zu Vers 33
TOSCO
Geh zum Propheten Isaak zu Vers 35
ELSA
Geh zum Propheten Noah zu Vers 33
ORCO
Geh zum Propheten Nabuk zu Vers 36
ANTO
Geh zum Propheten Nektalim zu Vers 31
LEALE
Geh zum Propheten Bileam zu Vers 31
LUPO
Geh zum Propheten Ezechiel zu Vers 25
PO
Geh zum Propheten Daniel zu Vers 31

VENUS
TOPINO
Geh zum Propheten Ezechiel zu Vers I
EUPHRAT
Geh zum Propheten Ezechiel zu Vers II
DELFO
Geh zum Propheten Ezechiel zu Vers 21
ONEGA
Geh zum Propheten Ezechiel zu Vers 48
BOSSO
Geh zum Propheten Ezechiel zu Vers 46
TALIM
Geh zum Propheten Adam zu Vers 49
PARIS
Geh zum Propheten Ezechiel zu Vers 28
COSA
Geh zum Propheten Daniel zu Vers 27
TELESE
Geh zum Propheten David zu Vers 23
SIRIO
Geh zum Propheten Daniel zu Vers 29
BRENTA
Geh zum Propheten Ezechiel zu Vers 10
FRANCO
Geh zum Propheten Ezechiel zu Vers 14
BRANCO
Geh zum Propheten Bileam zu Vers 39
FRANCIO
Geh zum Propheten Isaak zu Vers 16
OXUS
Geh zum Propheten Isaak zu Vers 19
TERGO
Geh zum Propheten Isaak zu Vers 20
ALTO
Geh zum Propheten Bileam zu Vers 21
EUFEO
Geh zum Propheten Nekalim zu Vers 19
LEUMINO
Geh zum Propheten Ezechiel zu Vers 27
PRATELLO
Geh zum Propheten Ezechiel zu Vers 33
PESCHIERA
Geh zum Propheten Jesaja zu Vers 12
SILLA
Geh zum Propheten Ezechiel zu Vers 9
CARIDDI
Geh zum Propheten Ezechiel zu Vers 8
SORDO
Geh zum Propheten Ezechiel zu Vers 7
LACO
Geh zum Propheten Ezechiel zu Vers 6
SIEVE
Geh zum Propheten Ezechiel zu Vers 4
RAMO
Geh zum Propheten Ezechiel zu Vers 3
ALTONE
Geh zum Propheten Ezechiel zu Vers 2
AQUILONE
Geh zum Propheten Abraham zu Vers 38
TILO
Geh zum Propheten Ezechiel zu Vers 30
LENTO
Geh zum Propheten Ezechiel zu Vers 24
ETSCH
Geh zum Propheten David zu Vers 26
FORTE
Geh zum Propheten Ezechiel zu Vers 31
RATTO
Geh zum Propheten Ezechiel zu Vers 37
TELLO
Geh zum Propheten Tobias zu Vers 26
TIBER
Geh zum Propheten Methu-salem zu Vers 29
PO
Geh zum Propheten Adam zu Vers 30
ARNO
Geh zum Propheten Joseph zu Vers 32
CAINA
Geh zum Propheten Jakob zu Vers 25
TESINO
Geh zum Propheten David zu Vers 33
RHONE
Geh zum Propheten Ezechiel zu Vers 36
ALFIOS
Geh zum Propheten Abraham zu Vers 36
NERA
Geh zum Propheten Nabuk zu Vers 34
DONAU
Geh zum Propheten Isaak zu Vers 36
LEUCHIN
Geh zum Propheten Noah zu Vers 34
PIESA
Geh zum Propheten Nabuk zu Vers 37
ALANO
Geh zum Propheten Nekalim zu Vers 34
FAIL
Geh zum Propheten Bileam zu Vers 32
TRONTO
Geh zum Propheten Tobias zu Vers 29
MARIS
Geh zum Propheten Methu-salem zu Vers 30
FASIN
Geh zum Propheten Adam zu Vers 31
TIRON
Geh zum Propheten Joseph zu Vers 33
POUR
Geh zum Propheten Jakob zu Vers 26
LEANDRO
Geh zum Propheten David zu Vers 36
TIRO
Geh zum Propheten Daniel zu Vers 42
TOSCANO
Geh zum Propheten Ezechiel zu Vers 38

MARS
ARBIA
Geh zum Propheten Abraham zu Vers 1
KIDRON
Geh zum Propheten Abraham zu Vers 21
CARPENTO
Geh zum Propheten Abraham zu Vers 10
CARPENE
Geh zum Propheten Abraham zu Vers 37
ALFA
Geh zum Propheten Abraham zu Vers 45
COLTO
Geh zum Propheten Abraham zu Vers 41
VERTU
Geh zum Propheten Methusalem zu Vers 24
QUERICON
Geh zum Propheten Abraham zu Vers 17
DIANA
Geh zum Propheten Ezechiel zu Vers 13
ALIFFO
Geh zum Propheten Joseph zu Vers 15
TALCO
Geh zum Propheten Ezechiel zu Vers 45
CASTRO
Geh zum Propheten Abraham zu Vers 11
CEUFEL
Geh zum Propheten Abraham zu Vers 12
AMARO
Geh zum Propheten Isaak zu Vers 15
AMOLO
Geh zum Propheten Jesaja zu Vers 13
TARON
Geh zum Propheten Noah zu Vers 18
ARCHO
Geh zum Propheten Noah zu Vers 19
RIBELLO
Geh zum Propheten Tobias zu Vers 16
LORA
Geh zum Propheten Abraham zu Vers 30
MALONTA
Geh zum Propheten Abraham zu Vers 23
ERICON
Geh zum Propheten Abraham zu Vers 20
SILLA
Geh zum Propheten Abraham zu Vers 9
CARIDDI
Geh zum Propheten Abraham zu Vers 8
CARO
Geh zum Propheten Abraham zu Vers 7
CAINA
Geh zum Propheten Abraham zu Vers 6
POLO
Geh zum Propheten Abraham zu Vers 4
GIALLO
Geh zum Propheten Abraham zu Vers 3
NIL
Geh zum Propheten Abraham zu Vers 2
SOLO
Geh zum Propheten Abraham zu Vers 32
NIL
Geh zum Propheten Abraham zu Vers 24
SOLARO
Geh zum Propheten Abraham zu Vers 27
SAVE
Geh zum Propheten Isaak zu Vers 41
SARON
Geh zum Propheten Jesaja zu Vers 41
CRAOS
Geh zum Propheten Methusalem zu Vers 9
TELOSO
Geh zum Propheten Ezechiel zu Vers 40
MARECCHIA
Geh zum Propheten Daniel zu Vers 44
SERCHIO
Geh zum Propheten David zu Vers 38
TIRO
Geh zum Propheten Jakob zu Vers 27
SABBIONE
Geh zum Propheten Joseph zu Vers 34
NERVA
Geh zum Propheten Adam zu Vers 34
PANARO
Geh zum Propheten Methusalem zu Vers 33
ZANCONA
Geh zum Propheten Tobias zu Vers 34
NERON
Geh zum Propheten Bileam zu Vers 33
CAINA
Geh zum Propheten Nektalim zu Vers 36
NECCONE
Geh zum Propheten Nabuk zu Vers 39
NERA
Geh zum Propheten Noah zu Vers 37
TIDEO
Geh zum Propheten Isaak zu Vers 38
MASOLA
Geh zum Propheten Jesaja zu Vers 38
TOPINO
Geh zum Propheten Ezechiel zu Vers 29
ADDA
Geh zum Propheten Daniel zu Vers 43
TARANTO
Geh zum Propheten David zu Vers 37
ARNO
Geh zum Propheten Nektalim zu Vers 35
NESTORE
Geh zum Propheten Nabuk zu Vers 38
PO
Geh zum Propheten Noah zu Vers 36
TIBER
Geh zum Propheten Isaak zu Vers 37
CHIRON
Geh zum Propheten Jesaja zu Vers 37

MOND
CESSO
Geh zum Propheten Jesaja zu Vers 16
SARDO
Geh zum Propheten Jesaja zu Vers 42
TIRO
Geh zum Propheten Jesaja zu Vers 50
DUERO
Geh zum Propheten Jesaja zu Vers 23
ZARA
Geh zum Propheten Tobias zu Vers 31
RAINEL
Geh zum Propheten Jesaja zu Vers 19
EURICON
Geh zum Propheten Abraham zu Vers 31
BOREO
Geh zum Propheten Tobias zu Vers 1
VELA
Geh zum Propheten Abraham zu Vers 54
TIRON
Geh zum Propheten Jesaja zu Vers 18
ALFIOS
Geh zum Propheten Jesaja zu Vers 11
SERPE
Geh zum Propheten Noah zu Vers 16
FUSTO
Geh zum Propheten Nabuk zu Vers 16
LITO
Geh zum Propheten Nabuk zu Vers 19
EUFEO
Geh zum Propheten Methusalem zu Vers 17
LELAME
Geh zum Propheten Daniel zu Vers 28
MARICON
Geh zum Propheten Jesaja zu Vers 24
PELOSO
Geh zum Propheten Jesaja zu Vers 21
SILLA
Geh zum Propheten Jesaja zu Vers 10
CARIDE
Geh zum Propheten Jesaja zu Vers 9
ACERBO
Geh zum Propheten Jesaja zu 8
SOLE
Geh zum Propheten Jesaja zu Vers 7
CAINA
Geh zum Propheten Jesaja zu Vers 6
LETHE
Geh zum Propheten Jesaja zu Vers 4
ORCO
Geh zum Propheten Jesaja zu Vers 3
ORCIA
Geh zum Propheten Jesaja zu Vers 2
NERA
Geh zum Propheten Jesaja zu Vers 1
ARNO
Geh zum Propheten Jesaja zu Vers 30
NESTORE
Geh zum Propheten Adam zu Vers 35
PO
Geh zum Propheten Jesaja zu Vers 22
RIGO
Geh zum Propheten Jesaja zu Vers 26
PALMA
Geh zum Propheten Abraham zu Vers 33
CARIDDI
Geh zum Propheten Abraham zu Vers 39
ARNO
Geh zum Propheten Noah zu Vers 38
TIBER
Geh zum Propheten Nabuk zu Vers 40
TOPINO
Geh zum Propheten Nektalim zu Vers 37
NERA
Geh zum Propheten Bileam zu Vers 34
MELLINO
Geh zum Propheten Tobias zu Vers 35
PAGLIA
Geh zum Propheten Methu-salem zu Vers 34
NECCONE
Geh zum Propheten Jakob zu Vers 33
ADDA
Geh zum Propheten David zu Vers 44
PANARO
Geh zum Propheten Daniel zu Vers 45
TESINO
Geh zum Propheten Ezechiel zu Vers 47
RHONE
Geh zum Propheten Abraham zu Vers 43
EUPHRAT
Geh zum Propheten Jesaja zu Vers 43
NIL
Geh zum Propheten Isaak zu Vers 42
ETSCH
Geh zum Propheten Noah zu Vers 39
BRENTA
Geh zum Propheten Nabuk zu Vers 41
CHIASCIO
Geh zum Propheten Nektalim zu Vers 38
POTENZA
Geh zum Propheten Adam zu Vers 43
SERCHIO
Geh zum Propheten Tobias zu Vers 36
MARECCHIA
Geh zum Propheten Methu-salem zu Vers 35
ZANCONA
Geh zum Propheten Adam zu Vers 36
TRONTO
Geh zum Propheten Joseph zu Vers 38
ARBIA
Geh zum Propheten Jakob zu Vers 34
ORCIA
Geh zum Propheten David zu Vers 39

MERKUR
PAGLIA
TIBER
TABOR
LOSSA
ELSA
ALIFFO
SALINE
FOLCO
CHESTIN
AUCHERIN
LACCIO
HUMIDO
ESULO
MONTE
LATO
MORO
PO
BOLO
NUBEN
TARANTO
MUGNONE
SILLA
CARIDDE
ACERBO
SOLE
STIGIO
OTTONE
TELO
Geh zum Propheten Isaak zu Vers 2
Geh zum Propheten Isaak zu Vers 1
Geh zum Propheten Isaak zu Vers 11
Geh zum Propheten Isaak zu Vers 17
Geh zum Propheten Isaak zu Vers 12
Geh zum Propheten Bileam zu Vers 38
Geh zum Propheten Isaak zu Vers 25
Geh zum Propheten Jesaja zu Vers 25
Geh zum Propheten Abraham zu Vers 22
Geh zum Propheten Jesaja zu Vers 56
Geh zum Propheten Isaak zu Vers 18
Geh zum Propheten Isaak zu Vers 14
Geh zum Propheten Nabuk zu Vers 14
Geh zum Propheten Nekalim zu Vers 15
Geh zum Propheten Nekalim zu Vers 16
Geh zum Propheten Adam zu Vers 18
Geh zum Propheten Isaak zu Vers 24
Geh zum Propheten Daniel zu Vers 35
Geh zum Propheten Isaak zu Vers 26
Geh zum Propheten Issak zu Vers 23
Geh zum Propheten Isaak zu Vers 28
Geh zum Propheten Isaak zu Vers 21
Geh zum Propheten Isaak zu Vers 9
Geh zum Propheten Isaak zu Vers 8
Geh zum Propheten Isaak zu Vers 6
Geh zum Propheten Isaak zu Vers 5
Geh zum Propheten Isaak zu Vers 4
Geh zum Propheten Isaak zu Vers 3
DON
MINERBA
PO
NOLA
MASOLA
NERA
CHIASCIO
TIBER
MELLINO
NESTORE
ARNO
SERCHIO
EUPHRAT
TIGRIS
JORDAN
CARIDDI
TRONTO
ADDA
MARINO
ORCIA
SPOLIO
POTENZA
PAGLIA
ETSCH
ELSA
SIOLO
ZANCONA
PALMA
Geh zum Propheten Ezechiel zu Vers 52
Geh zum Propheten David zu Vers 43
Geh zum Propheten Jesaja zu Vers 40
Geh zum Propheten Daniel zu Vers 38
Geh zum Propheten Jesaja zu Vers 27
Geh zum Propheten Isaak zu Vers 27
Geh zum Propheten Noah zu Vers 27
Geh zum Propheten Nabuk zu Vers 26
Geh zum Propheten Tobias zu Vers 27
Geh zum Propheten Nekalim zu Vers 27
Geh zum Propheten Bileam zu Vers 48
Geh zum Propheten Tobias zu Vers 23
Geh zum Propheten Methu-salem zu Vers 23
Geh zum Propheten Adam zu Vers 22
Geh zum Propheten Joseph zu Vers 27
Geh zum Propheten Jakob zu Vers 22
Geh zum Propheten David zu Vers 30
Geh zum Propheten Daniel zu Vers 32
Geh zum Propheten Ezechiel zu Vers 26
Geh zum Propheten Abraham zu Vers 26
Geh zum Propheten Jesaja zu Vers 28
Geh zum Propheten Isaak zu Vers 29
Geh zum Propheten Noah zu Vers 28
Geh zum Propheten Nabuk zu Vers 32
Geh zum Propheten Nekalim zu Vers 28
Geh zum Propheten Bileam zu Vers 28
Geh zum Propheten Tobias zu Vers 24
Geh zum Propheten Methu-salem zu Vers 26

STIER
STRECTO
Geh zum Propheten Noah zu Vers 11
XANTHOS
Geh zum Propheten Noah zu Vers 25
GOLFO
Geh zum Propheten Noah zu Vers 41
FALSO
Geh zum Propheten Noah zu Vers 12
BALACO
Geh zum Propheten Joseph zu Vers 20
TEUCER
Geh zum Propheten Noah zu Vers 35
GIRO
Geh zum Propheten Isaak zu Vers 39
DNISTER
Geh zum Propheten Jesaja zu Vers 32
BUTO
Geh zum Propheten Isaak zu Vers 10
CORBO
Geh zum Propheten Noah zu Vers 42
LAURO
Geh zum Propheten Noah zu Vers 14
SINCO
Geh zum Propheten Nektalim zu Vers 14
SAVINO
Geh zum Propheten Bileam zu Vers 19
ISO
Geh zum Propheten Bileam zu Vers 20
ANCORO
Geh zum Propheten Joseph zu Vers 18
FELO
Geh zum Propheten Noah zu Vers 24
NOLO
Geh zum Propheten Noah zu Vers 23
POLIN
Geh zum Propheten Noah zu Vers 30
ISMENO
Geh zum Propheten Noah zu Vers 22
SILLA
Geh zum Propheten Noah zu Vers 10
CARIDDI
Geh zum Propheten Noah zu Vers 9
ACERBO
Geh zum Propheten Noah zu Vers 8
CAINA
Geh zum Propheten Noah zu Vers 7
VELA
Geh zum Propheten Noah zu Vers 6
GIGLIO
Geh zum Propheten Noah zu Vers 5
RHONE
Geh zum Propheten Noah zu Vers 3
OMBRONE
Geh zum Propheten Noah zu Vers 2
PO
Geh zum Propheten Noah zu Vers 1
ADDA
Geh zum Propheten Abraham zu Vers 44
TESINO
Geh zum Propheten Ezechiel zu Vers 41
PALMA
Geh zum Propheten Isaak zu Vers 34
RE
Geh zum Propheten Joseph zu Vers 40
MELLINO
Geh zum Propheten Adam zu Vers 39
CHIANI
Geh zum Propheten Methu-salem zu Vers 38
TIBER
Geh zum Propheten Tobias zu Vers 38
MARECCHIA
Geh zum Propheten Bileam zu Vers 40
ZANCONA
Geh zum Propheten Nektalim zu Vers 40
ORCIA
Geh zum Propheten Nabuk zu Vers 43
ARBIA
Geh zum Propheten Noah zu Vers 43
SIEVE
Geh zum Propheten Isaak zu Vers 44
PIESA
Geh zum Propheten Jesaja zu Vers 45
SERCHIO
Geh zum Propheten Abraham zu Vers 46
ARNO
Geh zum Propheten Ezechiel zu Vers 42
VAR
Geh zum Propheten Daniel zu Vers 47
SILLA
Geh zum Propheten David zu Vers 46
CARIDDE
Geh zum Propheten Jakob zu Vers 36
METAURO
Geh zum Propheten Joseph zu Vers 39
JORDAN
Geh zum Propheten Adam zu Vers 38
NIL
Geh zum Propheten Methu-salem zu Vers 36
RENO
Geh zum Propheten Tobias zu Vers 37
EUPHRAT
Geh zum Propheten Bileam zu Vers 36
RHONE
Geh zum Propheten Nektalim zu Vers 39
OGLIO
Geh zum Propheten Nabuk zu Vers 42
PANARO
Geh zum Propheten Noah zu Vers 40
BRENTA
Geh zum Propheten Isaak zu Vers 43
ETSCH
Geh zum Propheten Jesaja zu Vers 44

ZWILLINGE
POTENZA
Geh zum Propheten Nabuk zu Vers 2
NECCONE
Geh zum Propheten Nabuk zu Vers 1
TIGRO
Geh zum Propheten Nabuk zu Vers 3
GROSSO
Geh zum Propheten Nabuk zu Vers 4
ROSATO
Geh zum Propheten Nabuk zu Vers 5
SUPERBO
Geh zum Propheten Nabuk zu Vers 6
CAINA
Geh zum Propheten Nabuk zu Vers 7
ACERBO
Geh zum Propheten Nabuk zu Vers 8
CARIDDI
Geh zum Propheten Nabuk zu Vers 9
SILLA
Geh zum Propheten Nabuk zu Vers 10
SURGENTE
Geh zum Propheten Nabuk zu Vers 22
MELIMPO
Geh zum Propheten Nabuk zu Vers 30
SILIANO
Geh zum Propheten Nabuk zu Vers 23
RESTO
Geh zum Propheten Jakob zu Vers 20
OMBRO
Geh zum Propheten Tobias zu Vers 14
LEUCHIN
Geh zum Propheten Noah zu Vers 17
AUSTRO
Geh zum Propheten Bileam zu Vers 18
NOLLO
Geh zum Propheten Nabuk zu Vers 13
LISO
Geh zum Propheten Nabuk zu Vers 12
LOSSO
Geh zum Propheten Noah zu Vers 31
ESTRO
Geh zum Propheten Isaak zu Vers 40
IR
Geh zum Propheten Noah zu Vers 13
ULITON
Geh zum Propheten Nabuk zu Vers 15
CERUSSE
Geh zum Propheten Daniel zu Vers 20
GOTO
Geh zum Propheten Nabuk zu Vers 17
ORCIA
Geh zum Propheten Nabuk zu Vers 27
ILO
Geh zum Propheten Nabuk zu Vers 18
TELO
Geh zum Propheten Nabuk zu Vers 11
RODO
Geh zum Propheten Nabuk zu Vers 25
RUBEN
Geh zum Propheten Nektalim zu Vers 26
FORTE
Geh zum Propheten Noah zu Vers 26
POTENZA
Geh zum Propheten Nektalim zu Vers 42
TIBER
Geh zum Propheten Nabuk zu Vers 45
ORCIA
Geh zum Propheten Noah zu Vers 45
ELSA
Geh zum Propheten Isaak zu Vers 46
ARNO
Geh zum Propheten Jesaja zu Vers 47
SERCHIO
Geh zum Propheten Abraham zu Vers 48
PALMA
Geh zum Propheten Ezechiel zu Vers 49
PANARO
Geh zum Propheten Daniel zu Vers 50
OGLIO
Geh zum Propheten David zu Vers 48
BRENTA
Geh zum Propheten Jakob zu Vers 38
ETSCH
Geh zum Propheten Joseph zu Vers 41
ADDA
Geh zum Propheten Adam zu Vers 40
TESINO
Geh zum Propheten Methu-salem zu Vers 39
PO
Geh zum Propheten Tobias zu Vers 39
SILLA
Geh zum Propheten Bileam zu Vers 41
CARIDDI
Geh zum Propheten Nektalim zu Vers 41
RENO
Geh zum Propheten Nabuk zu Vers 44
METAURO
Geh zum Propheten Noah zu Vers 44
XANTHOS
Geh zum Propheten Isaak zu Vers 45
JORDAN
Geh zum Propheten Jesaja zu Vers 46
DONAU
Geh zum Propheten Abraham zu Vers 47
NIL
Geh zum Propheten Ezechiel zu Vers 43
TIGRIS
Geh zum Propheten Daniel zu Vers 49
EUPHRAT
Geh zum Propheten David zu Vers 47
RHONE
Geh zum Propheten Jakob zu Vers 37

SCHAFBOCK
CHIENTI
Geh zum Propheten Nektalim zu Vers 1
TORTO
Geh zum Propheten Nektalim zu Vers 11
ROTA
Geh zum Propheten Nektalim zu Vers 13
ISTRA
Geh zum Propheten Tobias zu Vers 56
DILECTO
Geh zum Propheten Noah zu Vers 48
SAILON
Geh zum Propheten Nektalim zu Vers 25
LOTOS
Geh zum Propheten Nektalim zu Vers 32
FIERO
Geh zum Propheten Noah zu Vers 15
DARDO
Geh zum Propheten Nabuk zu Vers 24
OSBECH
Geh zum Propheten Nektalim zu Vers 33
CHERON
Geh zum Propheten Nektalim zu Vers 12
LENTO
Geh zum Propheten Tobias zu Vers 12
CASTELLO
Geh zum Propheten Tobias zu Vers 13
SUPREMO
Geh zum Propheten Methusalem zu Vers 16
ALLITO
Geh zum Propheten David zu Vers 18
PRONTO
Geh zum Propheten David zu Vers 20
POLINO
Geh zum Propheten Nektalim zu Vers 21
FLETO
Geh zum Propheten Nektalim zu Vers 23
MELLINO
Geh zum Propheten Nektalim zu Vers 20
SILA
Geh zum Propheten Nektalim zu Vers 10
CARIDDI
Geh zum Propheten Nektalim zu Vers 9
CAINA
Geh zum Propheten Nektalim zu Vers 7
BOSSO
Geh zum Propheten Nektalim zu Vers 6
VERMIGLIO
Geh zum Propheten Nektalim zu Vers 5
SOTILE
Geh zum Propheten Nektalim zu Vers 4
BIGIO
Geh zum Propheten Nektalim zu Vers 3
NESTORE
Geh zum Propheten Nektalim zu Vers 2
ACERBO
Geh zum Propheten Nektalim zu Vers 8
MAGRA
Geh zum Propheten David zu Vers 52
PO
Geh zum Propheten Methu-salem zu Vers 22
AUFER
Geh zum Propheten Bileam zu Vers 27
LEONE
Geh zum Propheten Nabuk zu Vers 29
JORDAN
Geh zum Propheten Bileam zu Vers 42
DONAU
Geh zum Propheten Tobias zu Vers 40
TIGRIS
Geh zum Propheten Methu-salem zu Vers 40
EUPHRAT
Geh zum Propheten Adam zu Vers 41
DON
Geh zum Propheten Joseph zu Vers 42
NIL
Geh zum Propheten Jakob zu Vers 41
AUENTIA
Geh zum Propheten David zu Vers 49
ERO
Geh zum Propheten Nabuk zu Vers 46
FRIGIDO
Geh zum Propheten Nektalim zu Vers 43
PESO
Geh zum Propheten David zu Vers 50
QUANTO
Geh zum Propheten Daniel zu Vers 52
RANCO
Geh zum Propheten Ezechiel zu Vers 51
SELCE
Geh zum Propheten Abraham zu Vers 50
TENTO
Geh zum Propheten Jesaja zu Vers 51
VALENSO
Geh zum Propheten Isaak zu Vers 48
ADDA
Geh zum Propheten Noah zu Vers 47
BIANCO
Geh zum Propheten Nabuk zu Vers 47
CORINTO
Geh zum Propheten Nektalim zu Vers 49
DANDO
Geh zum Propheten Bileam zu Vers 44
ERCOLE
Geh zum Propheten Tobias zu Vers 42
FOSCO
Geh zum Propheten Joseph zu Vers 44
GOLA
Geh zum Propheten Jakob zu Vers 43
INDUS
Geh zum Propheten Methu-salem zu Vers 42
LETHE
Geh zum Propheten Bileam zu Vers 35

SCHÜTZE
CALO Geh zum Propheten Methusalem zu Vers 48
PELO Geh zum Propheten Methusalem zu Vers 10
TARO Geh zum Propheten Methusalem zu Vers 1
THIESSCIO Geh zum Propheten Methusalem zu Vers 2
CANE Geh zum Propheten Methusalem zu Vers 3
CANNA Geh zum Propheten Methusalem zu Vers 4
TELLO Geh zum Propheten Methusalem zu Vers 5
SORBO Geh zum Propheten Methusalem zu Vers 6
FONDO Geh zum Propheten Methusalem zu Vers 7
CARIDDI Geh zum Propheten Methusalem zu Vers 8
SILLA Geh zum Propheten Nektalim zu Vers 22
PALMA Geh zum Propheten Methusalem zu Vers 18
LEONE Geh zum Propheten Methusalem zu Vers 19
PANARO Geh zum Propheten Methusalem zu Vers 25
LIRI Geh zum Propheten Methusalem zu Vers 21
SALE Geh zum Propheten Abraham zu Vers 19
MORTE Geh zum Propheten Abraham zu Vers 18
PORRO Geh zum Propheten Jakob zu Vers 18
RASO Geh zum Propheten Jakob zu Vers 15
ANCORO Geh zum Propheten Joseph zu Vers 13
FELO Geh zum Propheten Methusalem zu Vers 13
RIVO Geh zum Propheten Methusalem zu Vers 12
GALLO Geh zum Propheten Tobias zu Vers 44
LOSSA Geh zum Propheten Bileam zu Vers 13
ORIGNO Geh zum Propheten Methusalem zu Vers 11
CERTO Geh zum Propheten Methusalem zu Vers 45
GETON Geh zum Propheten Abraham zu Vers 51
NOLA Geh zum Propheten Methusalem zu Vers 37
PALMA Geh zum Propheten Adam zu Vers 27
NEFAN Geh zum Propheten Tobias zu Vers 32
ARON Geh zum Propheten Abraham zu Vers 49
IRA Geh zum Propheten Tobias zu Vers 41
LICON Geh zum Propheten Abraham zu Vers 56
NIL Geh zum Propheten Jesaja zu Vers 54
XANTHOS Geh zum Propheten Isak zu Vers 52
EUPHRAT Geh zum Propheten Noah zu Vers 52
JORDAN Geh zum Propheten Nabuk zu Vers 51
DONAU Geh zum Propheten Nektalim zu Vers 50
VAR Geh zum Propheten Bileam zu Vers 49
TESINO Geh zum Propheten Tobias zu Vers 47
ADDA Geh zum Propheten Methusalem zu Vers 47
SERRA Geh zum Propheten Adam zu Vers 47
OGLIO Geh zum Propheten Joseph zu Vers 48
NAVILE Geh zum Propheten Jakob zu Vers 49
PESCHIERA Geh zum Propheten Isaak zu Vers 53
ETSCH Geh zum Propheten Ezechiel zu Vers 44
BRENTA Geh zum Propheten Noah zu Vers 53
PALMATA Geh zum Propheten Nabuk zu Vers 52
PANARO Geh zum Propheten Nektalim zu Vers 51
SERCHIO Geh zum Propheten Bileam zu Vers 50
ARNO Geh zum Propheten Tobias zu Vers 48
CHIANI Geh zum Propheten Methusalem zu Vers 49
CHIENTI Geh zum Propheten Adam zu Vers 48
TIBER Geh zum Propheten Joseph zu Vers 49
MELLINO Geh zum Propheten Jakob zu Vers 50
PO Geh zum Propheten Methusalem zu Vers 20

WASSERMANN
TESINO – Geh zum Propheten Adam zu Vers 1
BRUNA – Geh zum Propheten Adam zu Vers 10
RASO – Geh zum Propheten Adam zu Vers 32
ORSO – Geh zum Propheten Adam zu Vers 50
ITERNA – Geh zum Propheten Ezechiel zu Vers 12
DARINDO – Geh zum Propheten Adam zu Vers 37
PUR – Geh zum Propheten Adam zu Vers 15
MIRA – Geh zum Propheten Tobias zu Vers 21
METHUSALEM – Geh zum Propheten Methusalem zu Vers 51
SANGUINO – Geh zum Propheten Adam zu Vers 12
BREVE – Geh zum Propheten Adam zu Vers 13
CHIUSO – Geh zum Propheten Jakob zu Vers 14
TAURO – Geh zum Propheten David zu Vers 16
CARRO – Geh zum Propheten David zu Vers 17
SIDO – Geh zum Propheten Jesaja zu Vers 17
ESTRUO – Geh zum Propheten Jesaja zu Vers 20
SOLCO – Geh zum Propheten Adam zu Vers 20
BITONTO – Geh zum Propheten Adam zu Vers 24
LIBIO – Geh zum Propheten Adam zu Vers 26
PANARO – Geh zum Propheten Adam zu Vers 19
SILLA – Geh zum Propheten Adam zu Vers 9
CARIDDI – Geh zum Propheten Adam zu Vers 8
FONDO – Geh zum Propheten Adam zu Vers 7
SPUTO – Geh zum Propheten Adam zu Vers 6
MARECCHIA – Geh zum Propheten Adam zu Vers 5
TEUL – Geh zum Propheten Adam zu Vers 4
BIANCO – Geh zum Propheten Adam zu Vers 3
BELO – Geh zum Propheten Adam zu Vers 2
CARIDDE – Geh zum Propheten Adam zu Vers 21
NUBES – Geh zum Propheten Joseph zu Vers 23
SERCHIO – Geh zum Propheten Methusalem zu Vers 32
BESANO – Geh zum Propheten Jesaja zu Vers 48
LOSSA – Geh zum Propheten Methusalem zu Vers 41
DRAU – Geh zum Propheten Jesaja zu Vers 55
JORDAN – Geh zum Propheten Isaak zu Vers 54
NIL – Geh zum Propheten Noah zu Vers 54
XANTHOS – Geh zum Propheten Nabuk zu Vers 53
AQUILONE – Geh zum Propheten Nektalim zu Vers 52
DONAU – Geh zum Propheten Bileam zu Vers 51
TESINO – Geh zum Propheten Tobias zu Vers 49
ADDA – Geh zum Propheten Methusalem zu Vers 50
OGLIO – Geh zum Propheten Adam zu Vers 51
METAURO – Geh zum Propheten Joseph zu Vers 50
AMALTEO – Geh zum Propheten Jakob zu Vers 51
NAVILE – Geh zum Propheten Isaak zu Vers 55
PESCHIERA – Geh zum Propheten Noah zu Vers 55
BRENTA – Geh zum Propheten Nabuk zu Vers 55
PALMA – Geh zum Propheten Nektalim zu Vers 53
RHONE – Geh zum Propheten Bileam zu Vers 52
MARECCHIA – Geh zum Propheten Tobias zu Vers 50
ARNO – Geh zum Propheten Methusalem zu Vers 52
TOSCO – Geh zum Propheten Adam zu Vers 52
TILON – Geh zum Propheten Joseph zu Vers 51
POTENZA – Geh zum Propheten Jakob zu Vers 52
TIBER – Geh zum Propheten Isaak zu Vers 56
MELLINO – Geh zum Propheten Noah zu Vers 56

WIDDER
TELO Geh zum Propheten Bileam zu Vers 11
NERA Geh zum Propheten Bileam zu Vers 1
SALE Geh zum Propheten Bileam zu Vers 2
NIL Geh zum Propheten Bileam zu Vers 3
MELO Geh zum Propheten Bileam zu Vers 4
LAUS Geh zum Propheten Bileam zu Vers 5
LUPO Geh zum Propheten Bileam zu Vers 6
CAINA Geh zum Propheten Bileam zu Vers 7
FONDO Geh zum Propheten Bileam zu Vers 8
CARIDDI Geh zum Propheten Bileam zu Vers 9
SILLA Geh zum Propheten Bileam zu Vers 10
PIANATA Geh zum Propheten Bileam zu Vers 23
NOTAL Geh zum Propheten Bileam zu Vers 26
BRULLO Geh zum Propheten Bileam zu Vers 25
LECTO Geh zum Propheten Daniel zu Vers 18
FALLO Geh zum Propheten Daniel zu Vers 17
AMBRO Geh zum Propheten Adam zu Vers 17
LANCIO Geh zum Propheten Methusalem zu Vers 15
RATTO Geh zum Propheten Methusalem zu Vers 14
ARGENTO Geh zum Propheten Bileam zu Vers 16
LEONE Geh zum Propheten Bileam zu Vers 15
EUFEO Geh zum Propheten Nektalim zu Vers 45
GETA Geh zum Propheten Nabuk zu Vers 28
MENSOLA Geh zum Propheten Bileam zu Vers 14
AMAEL Geh zum Propheten Bileam zu Vers 12
ERESIS Geh zum Propheten Isaak zu Vers 33
LINO Geh zum Propheten Bileam zu Vers 22
UIVO Geh zum Propheten Bileam zu Vers 17
LEONE Geh zum Propheten Nektalim zu Vers 46
GEDON Geh zum Propheten Daniel zu Vers 51
ORDO Geh zum Propheten Jakob zu Vers 42
EUPHRAT Geh zum Propheten Daniel zu Vers 53
DONAU Geh zum Propheten Ezechiel zu Vers 53
JORDAN Geh zum Propheten Abraham zu Vers 52
XANTHOS Geh zum Propheten Jesaja zu Vers 49
TESINO Geh zum Propheten Isaak zu Vers 49
ADDA Geh zum Propheten Noah zu Vers 49
OGLIO Geh zum Propheten Nabuk zu Vers 48
NAVILE Geh zum Propheten Nektalim zu Vers 44
PESCHARA Geh zum Propheten Bileam zu Vers 45
ETSCH Geh zum Propheten Tobias zu Vers 43
PALMA Geh zum Propheten Methu-salem zu Vers 43
PO Geh zum Propheten Adam zu Vers 44
PANÀRO Geh zum Propheten Joseph zu Vers 45
SIEVE Geh zum Propheten Jakob zu Vers 44
SERCHIO Geh zum Propheten David zu Vers 51
AMBRA Geh zum Propheten Daniel zu Vers 54
ARNO Geh zum Propheten Ezechiel zu Vers 54
ARBIA Geh zum Propheten Abraham zu Vers 53
ORCIA Geh zum Propheten Jesaja zu Vers 52
ZANCONA Geh zum Propheten Isaak zu Vers 50
CHIANI Geh zum Propheten Noah zu Vers 50
TIBER Geh zum Propheten Nabuk zu Vers 49
CHIASCIO Geh zum Propheten Nektalim zu Vers 47
NIL Geh zum Propheten Bileam zu Vers 24
EUCON Geh zum Propheten Tobias zu Vers 22

STEINBOCK
TRONTO – Geh zum Propheten Jesaja zu Vers 36
PRATO – Geh zum Propheten Tobias zu Vers 10
RAZZA – Geh zum Propheten Tobias zu Vers 55
MARTA – Geh zum Propheten Tobias zu Vers 28
FILON – Geh zum Propheten Jesaja zu Vers 39
BERZOIL – Geh zum Propheten Bileam zu Vers 37
NOBILE – Geh zum Propheten Tobias zu Vers 19
IRIS – Geh zum Propheten Nektalim zu Vers 24
FERRO – Geh zum Propheten Bileam zu Vers 53
OSBEN – Geh zum Propheten Tobias zu Vers 15
ROSCIELLO – Geh zum Propheten Tobias zu Vers 11
EPULO – Geh zum Propheten Adam zu Vers 14
TORELLO – Geh zum Propheten Adam zu Vers 16
LORDO – Geh zum Propheten Joseph zu Vers 14
PIENO – Geh zum Propheten Joseph zu Vers 16
ASOLA – Geh zum Propheten Ezechiel zu Vers 20
ALANO – Geh zum Propheten Ezechiel zu Vers 22
POLANO – Geh zum Propheten Tobias zu Vers 18
SABULON – Geh zum Propheten Tobias zu Vers 30
PIOVALE – Geh zum Propheten Tobias zu Vers 17
SILLA – Geh zum Propheten Tobias zu Vers 9
CARIDDI – Geh zum Propheten Tobias zu Vers 8
FONDO – Geh zum Propheten Tobias zu Vers 7
STELLA – Geh zum Propheten Tobias zu Vers 6
PERSO – Geh zum Propheten Tobias zu Vers 5
PELO – Geh zum Propheten Tobias zu Vers 4
ORSO – Geh zum Propheten Tobias zu Vers 3
CARPENE – Geh zum Propheten Tobias zu Vers 2
NOBILE – Geh zum Propheten Tobias zu Vers 20
PANÀRO – Geh zum Propheten Noah zu Vers 4
RETO – Geh zum Propheten Jesaja zu Vers 31
TORRE – Geh zum Propheten Ezechiel zu Vers 50
GELSO – Geh zum Propheten Bileam zu Vers 43
TESINO – Geh zum Propheten Bileam zu Vers 46
PO – Geh zum Propheten Tobias zu Vers 45
ADDA – Geh zum Propheten Methu-salem zu Vers 44
OGLIO – Geh zum Propheten Adam zu Vers 45
NAVILE – Geh zum Propheten Joseph zu Vers 46
PESCHIERA – Geh zum Propheten Ezechiel zu Vers 17
ETSCH – Geh zum Propheten David zu Vers 55
BRENTA – Geh zum Propheten Daniel zu Vers 55
PALMA – Geh zum Propheten Ezechiel zu Vers 55
PRIMO – Geh zum Abraham zu Vers 55
SERCHIO – Geh zum Propheten Jesaja zu Vers 53
ARNO – Geh zum Propheten Isaak zu Vers 51
AMBRA – Geh zum Propheten Noah zu Vers 51
ARBIA – Geh zum Propheten Nabuk zu Vers 50
ORCIA – Geh zum Propheten Nektalim zu Vers 48
MARECCHIA – Geh zum Propheten Bileam zu Vers 47
TIBER – Geh zum Propheten Tobias zu Vers 46
CHIASCIO – Geh zum Propheten Methu-salem zu Vers 46
NIL – Geh zum Propheten Adam zu Vers 46
POTENZA – Geh zum Propheten Joseph zu Vers 47
TRONTO – Geh zum Propheten Jakob zu Vers 48
PAGLIA – Geh zum Propheten Daniel zu Vers 56
XANTHOS – Geh zum Propheten Ezechiel zu Vers 56

KREBS
SALO Geh zum Propheten Joseph zu Vers 10
NIL Geh zum Propheten Joseph zu Vers 1
LEONE Geh zum Propheten Joseph zu Vers 2
VERDE Geh zum Propheten Joseph zu Vers 3
JORDAN Geh zum Propheten Joseph zu Vers 4
ANELLO Geh zum Propheten Joseph zu Vers 5
SERCHIO Geh zum Propheten Joseph zu Vers 6
FONDO Geh zum Propheten Joseph zu Vers 7
CARIDDE Geh zum Propheten Joseph zu Vers 8
SILLA Geh zum Propheten Joseph zu Vers 9
LIRI Geh zum Propheten Joseph zu Vers 19
RIGANTO Geh zum Propheten Joseph zu Vers 25
LOTO Geh zum Propheten Joseph zu Vers 21
LESULO Geh zum Propheten Isaak zu Vers 22
ISOLA Geh zum Propheten Nekalim zu Vers 18
ASTO Geh zum Propheten Daniel zu Vers 15
FERITO Geh zum Propheten Daniel zu Vers 14
MELISO Geh zum Propheten David zu Vers 15
RESULO Geh zum Propheten Daniel zu Vers 11
ONTONE Geh zum Propheten Joseph zu Vers 12
VAR Geh zum Propheten Joseph zu Vers 11
ISTER Geh zum Propheten Adam zu Vers 11
METO Geh zum Propheten Methusalem zu Vers 31
ROSCIO Geh zum Propheten Jakob zu Vers 11
ELFE Geh zum Propheten Isaak zu Vers 13
LEGEN Geh zum Propheten Daniel zu Vers 23
PESA Geh zum Propheten Joseph zu Vers 28
FRANCO Geh zum Propheten Joseph zu Vers 36
PENOSO Geh zum Propheten Joseph zu Vers 22
RASO Geh zum Propheten Daniel zu Vers 34
CHIASCIO Geh zum Propheten Adam zu Vers 33
CODRO Geh zum Propheten Isaak zu Vers 47
MIRO Geh zum Propheten Adam zu Vers 42
XANTHOS Geh zum Propheten Nabuk zu Vers 54
JORDAN Geh zum Propheten Nekalim zu Vers 54
EUPHRAT Geh zum Propheten Bileam zu Vers 54
RHONE Geh zum Propheten Tobias zu Vers 51
NIL Geh zum Propheten Methu-salem zu Vers 53
CARIDDI Geh zum Propheten Adam zu Vers 53
DONAU Geh zum Propheten Joseph zu Vers 52
VAR Geh zum Propheten Nabuk zu Vers 56
TESINO Geh zum Propheten Jakob zu Vers 53
ADDA Geh zum Propheten Nekalim zu Vers 55
OGLIO Geh zum Propheten Bileam zu Vers 55
SERRA Geh zum Propheten Tobias zu Vers 52
PESCHIERA Geh zum Propheten Methu-salem zu Vers 54
BRENTA Geh zum Propheten Adam zu Vers 54
PALMA Geh zum Propheten Joseph zu Vers 53
PANÀRO Geh zum Propheten Jakob zu Vers 54
ARNO Geh zum Propheten Bileam zu Vers 56
ELENCO Geh zum Propheten Methu-salem zu Vers 55
BELO Geh zum Propheten Adam zu Vers 55
NESTORE Geh zum Propheten Joseph zu Vers 54
LISO Geh zum Propheten Tobias zu Vers 53
PO Geh zum Propheten Methu-salem zu Vers 56
LAO Geh zum Propheten Jakob zu Vers 32

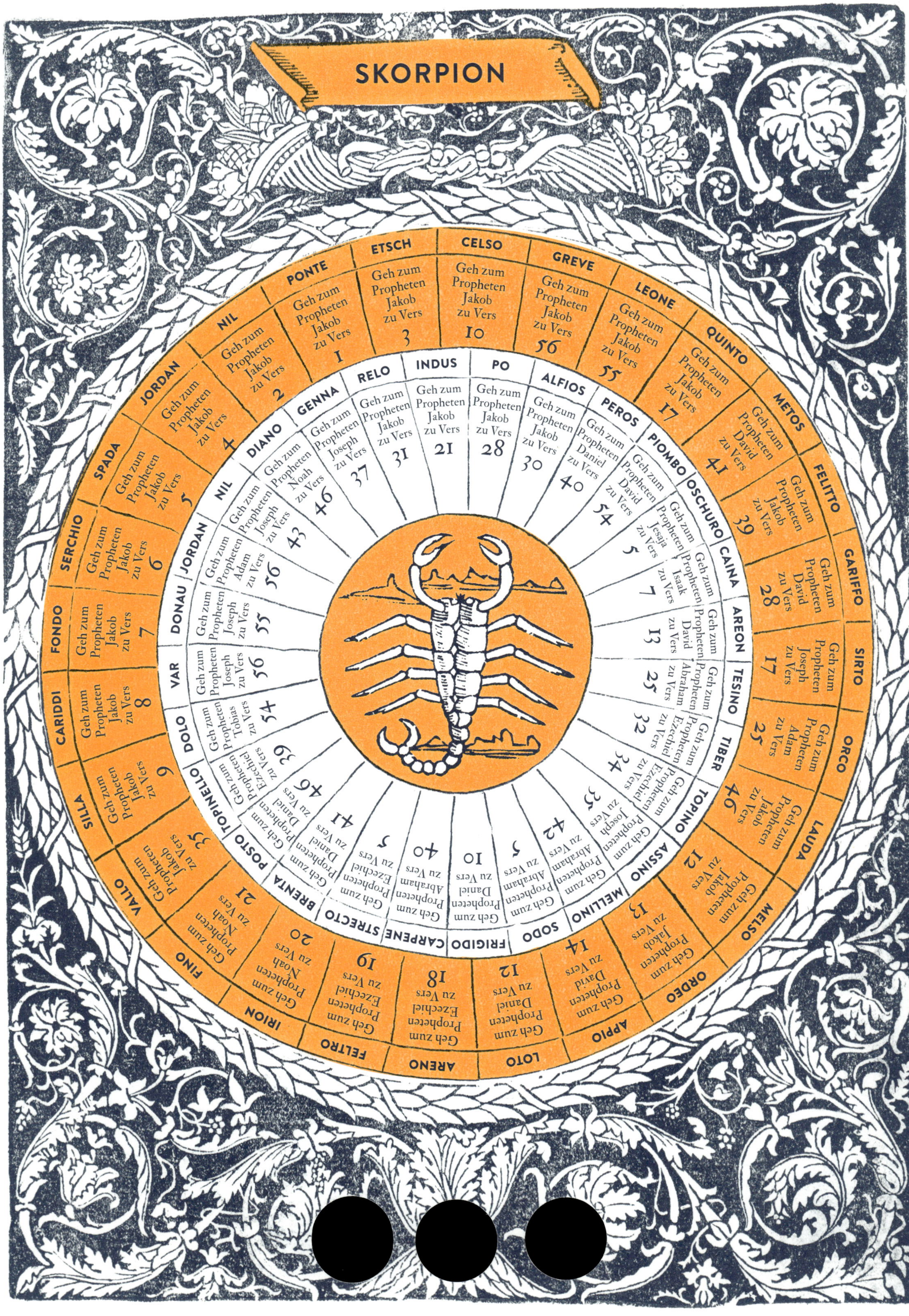

SKORPION
ETSCH
Geh zum Propheten Jakob zu Vers 3
CELSO
Geh zum Propheten Jakob zu Vers 10
GREVE
Geh zum Propheten Jakob zu Vers 56
LEONE
Geh zum Propheten Jakob zu Vers 55
QUINTO
Geh zum Propheten Jakob zu Vers 17
METOS
Geh zum Propheten David zu Vers 41
FELITTO
Geh zum Propheten Jakob zu Vers 39
GARIFFO
Geh zum Propheten David zu Vers 28
SIRTO
Geh zum Propheten Joseph zu Vers 17
ORCO
Geh zum Propheten Adam zu Vers 25
LAUDA
Geh zum Propheten Jakob zu Vers 46
MELSO
Geh zum Propheten Jakob zu Vers 12
ORDEO
Geh zum Propheten Jakob zu Vers 13
APPIO
Geh zum Propheten David zu Vers 14
LOTO
Geh zum Propheten Daniel zu Vers 12
ARENO
Geh zum Propheten Ezechiel zu Vers 18
FELTRO
Geh zum Propheten Ezechiel zu Vers 19
IRION
Geh zum Propheten Noah zu Vers 20
FINO
Geh zum Propheten Noah zu Vers 21
VALLO
Geh zum Propheten Jakob zu Vers 35
SILLA
Geh zum Propheten Jakob zu Vers 9
CARIDDI
Geh zum Propheten Jakob zu Vers 8
FONDO
Geh zum Propheten Jakob zu Vers 7
SERCHIO
Geh zum Propheten Jakob zu Vers 6
SPADA
Geh zum Propheten Jakob zu Vers 5
JORDAN
Geh zum Propheten Jakob zu Vers 4
NIL
Geh zum Propheten Jakob zu Vers 2
PONTE
Geh zum Propheten Jakob zu Vers 1
INDUS
Geh zum Propheten Jakob zu Vers 21
PO
Geh zum Propheten Jakob zu Vers 28
ALFIOS
Geh zum Propheten Jakob zu Vers 30
PEROS
Geh zum Propheten Daniel zu Vers 40
PIOMBO
Geh zum Propheten David zu Vers 54
OSCHURO
Geh zum Propheten Jesaja zu Vers 5
CAINA
Geh zum Propheten Isaak zu Vers 7
AREON
Geh zum Propheten David zu Vers 13
TESINO
Geh zum Propheten Abraham zu Vers 25
TIBER
Geh zum Propheten Ezechiel zu Vers 32
TOPINO
Geh zum Propheten Ezechiel zu Vers 34
ASSINO
Geh zum Propheten Joseph zu Vers 35
MELLINO
Geh zum Propheten Abraham zu Vers 42
SODO
Geh zum Propheten Abraham zu Vers 5
FRIGIDO
Geh zum Propheten Daniel zu Vers 10
CARPENE
Geh zum Propheten Abraham zu Vers 40
STRECTO
Geh zum Propheten Ezechiel zu Vers 5
BRENTA
Geh zum Propheten Daniel zu Vers 41
POSTO
Geh zum Propheten Daniel zu Vers 46
TOPINELLO
Geh zum Propheten Ezechiel zu Vers 39
DOLO
Geh zum Propheten Tobias zu Vers 54
VAR
Geh zum Propheten Joseph zu Vers 56
DONAU
Geh zum Propheten Joseph zu Vers 55
JORDAN
Geh zum Propheten Adam zu Vers 56
NIL
Geh zum Propheten Joseph zu Vers 43
DIANO
Geh zum Propheten Noah zu Vers 46
GENNA
Geh zum Propheten Joseph zu Vers 37
RELO
Geh zum Propheten Jakob zu Vers 31

APOLLO
STAINO
Geh zum Propheten Moses zu Vers 1
PO
Geh zum Propheten Jonas zu Vers 1
BRENTA
Geh zum Propheten Elias zu Vers 4
GENNA
Geh zum Propheten Elias zu Vers 3
CHIASCIO
Geh zum Propheten Elias zu Vers 2
NECCONE
Geh zum Propheten Moses zu Vers 8
CAINA
Geh zum Propheten Moses zu Vers 7
TOSCANO
Geh zum Propheten Moses zu Vers 6
PESCHARA
Geh zum Propheten Moses zu Vers 5
AUENTIA
Geh zum Propheten Moses zu Vers 4
MELLINO
Geh zum Propheten Moses zu Vers 3
DON
Geh zum Propheten Moses zu Vers 2
POTENZA
Geh zum Propheten Simeon zu Vers 8
XANTHOS
Geh zum Propheten Simeon zu Vers 7
ETSCH
Geh zum Propheten Simeon zu Vers 6
ARNO
Geh zum Propheten Simeon zu Vers 5
PALMA
Geh zum Propheten Simeon zu Vers 4
NERA
Geh zum Propheten Simeon zu Vers 3
ATALANTO
Geh zum Propheten Simeon zu Vers 2
SANGUINO
Geh zum Propheten Jonas zu Vers 8
MARECCHIA
Geh zum Propheten Jonas zu Vers 7
DONAU
Geh zum Propheten Jonas zu Vers 6
NIL
Geh zum Propheten Jonas zu Vers 5
SALSO
Geh zum Propheten Jonas zu Vers 4
BIENTE
Geh zum Propheten Jonas zu Vers 3
NAVILE
Geh zum Propheten Jonas zu Vers 2
TRONTO
Geh zum Propheten Elisäus zu Vers 1
SILLA
Geh zum Propheten Elias zu Vers 1
CAINA
Geh zum Propheten Elias zu Vers 7
DELO
Geh zum Propheten Elias zu Vers 6
PO
Geh zum Propheten Elias zu Vers 5
SALSO
Geh zum Propheten Simeon zu Vers 17
ARNO
Geh zum Propheten Simeon zu Vers 16
CARO
Geh zum Propheten Simeon zu Vers 15
TRONTO
Geh zum Propheten Simeon zu Vers 14
STAINO
Geh zum Propheten Simeon zu Vers 13
TESINO
Geh zum Propheten Simeon zu Vers 12
SERRA
Geh zum Propheten Simeon zu Vers 11
NOVO
Geh zum Propheten Simeon zu Vers 10
DIANO
Geh zum Propheten Simeon zu Vers 9
GENNA
Geh zum Propheten Jonas zu Vers 16
LIBIO
Geh zum Propheten Jonas zu Vers 15
PELO
Geh zum Propheten Jonas zu Vers 14
MOTO
Geh zum Propheten Jonas zu Vers 13
DOLO
Geh zum Propheten Jonas zu Vers 12
DELOS
Geh zum Propheten Jonas zu Vers 11
LIO
Geh zum Propheten Jonas zu Vers 10
SALE
Geh zum Propheten Jonas zu Vers 9
SIEVE
Geh zum Propheten Elisäus zu Vers 8
LAMBICO
Geh zum Propheten Elisäus zu Vers 7
MELLINO
Geh zum Propheten Elisäus zu Vers 6
PESCHIERA
Geh zum Propheten Elisäus zu Vers 5
NESTORE
Geh zum Propheten Elisäus zu Vers 4
NAVILE
Geh zum Propheten Elisäus zu Vers 3
SAVIO
Geh zum Propheten Elisäus zu Vers 2
PANÀRO
Geh zum Propheten Elias zu Vers 8

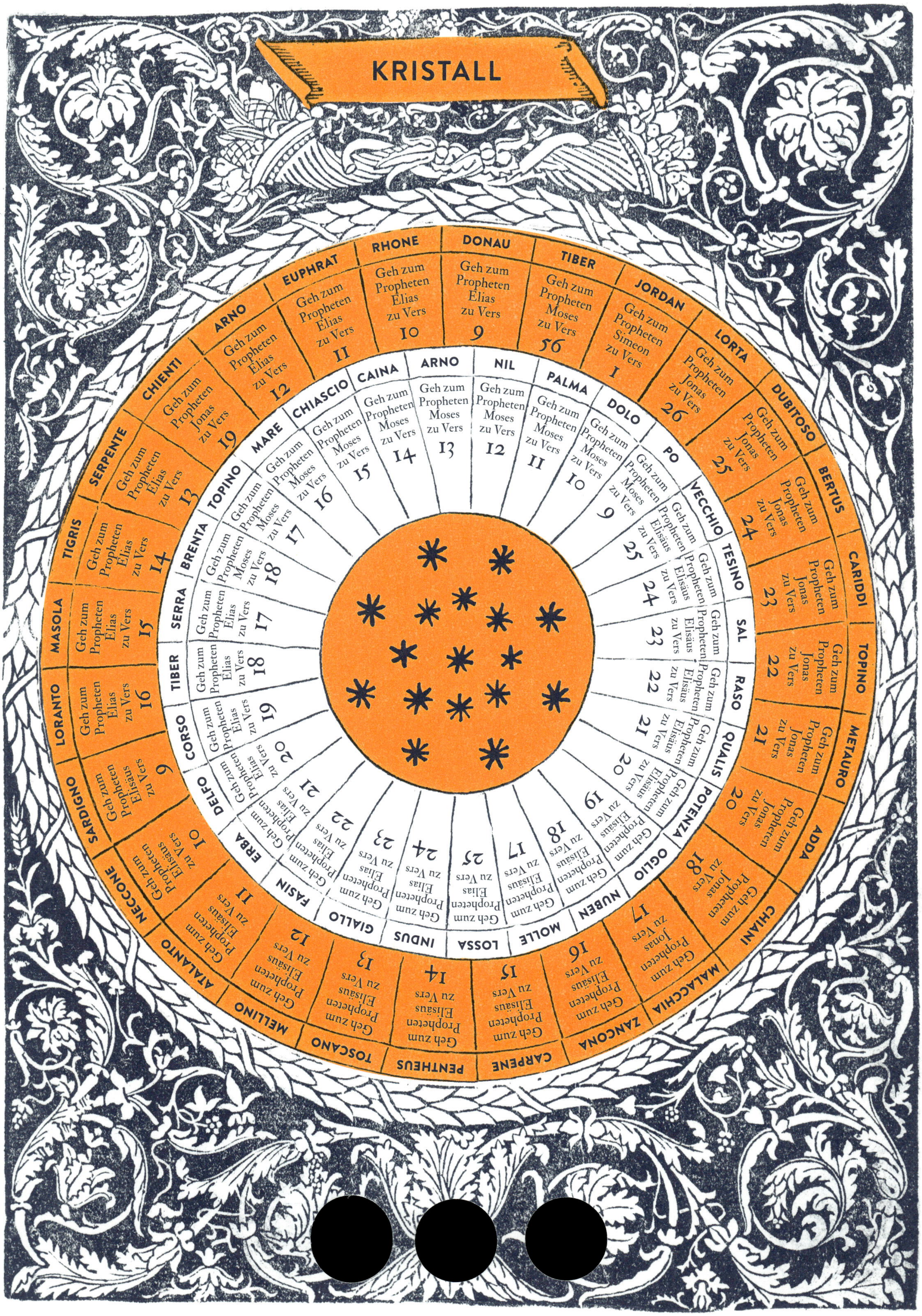
KRISTALL
RHONE
Geh zum Propheten Elias zu Vers 10
DONAU
Geh zum Propheten Elias zu Vers 9
TIBER
Geh zum Propheten Moses zu Vers 56
JORDAN
Geh zum Propheten Simeon zu Vers 1
LORTA
Geh zum Propheten Jonas zu Vers 26
DUBITOSO
Geh zum Propheten Jonas zu Vers 25
BERTUS
Geh zum Propheten Jonas zu Vers 24
CARIDDI
Geh zum Propheten Jonas zu Vers 23
TOPINO
Geh zum Propheten Jonas zu Vers 22
METAURO
Geh zum Propheten Jonas zu Vers 21
ADDA
Geh zum Propheten Jonas zu Vers 20
CHIANI
Geh zum Propheten Jonas zu Vers 18
MALACCHIA
Geh zum Propheten Jonas zu Vers 17
ZANCONA
Geh zum Propheten Elisäus zu Vers 16
CARPENE
Geh zum Propheten Elisäus zu Vers 15
PENTHEUS
Geh zum Propheten Elisäus zu Vers 14
TOSCANO
Geh zum Propheten Elisäus zu Vers 13
MELLINO
Geh zum Propheten Elisäus zu Vers 12
ATALANTO
Geh zum Propheten Elisäus zu Vers 11
NECCONE
Geh zum Propheten Elisäus zu Vers 10
SARDIGNO
Geh zum Propheten Elisäus zu Vers 9
LORANTO
Geh zum Propheten Elias zu Vers 16
MASOLA
Geh zum Propheten Elias zu Vers 15
TIGRIS
Geh zum Propheten Elias zu Vers 14
SERPENTE
Geh zum Propheten Elias zu Vers 13
CHIENTI
Geh zum Propheten Jonas zu Vers 19
ARNO
Geh zum Propheten Elias zu Vers 12
EUPHRAT
Geh zum Propheten Elias zu Vers 11
ARNO
Geh zum Propheten Moses zu Vers 13
NIL
Geh zum Propheten Moses zu Vers 12
PALMA
Geh zum Propheten Moses zu Vers 11
DOLO
Geh zum Propheten Moses zu Vers 10
PO
Geh zum Propheten Moses zu Vers 9
VECCHIO
Geh zum Propheten Elisäus zu Vers 25
TESINO
Geh zum Propheten Elisäus zu Vers 24
SAL
Geh zum Propheten Elisäus zu Vers 23
RASO
Geh zum Propheten Elisäus zu Vers 22
QUALIS
Geh zum Propheten Elisäus zu Vers 21
POTENZA
Geh zum Propheten Elisäus zu Vers 20
OGLIO
Geh zum Propheten Elisäus zu Vers 19
NUBEN
Geh zum Propheten Elisäus zu Vers 18
MOLLE
Geh zum Propheten Elisäus zu Vers 17
LOSSA
Geh zum Propheten Elias zu Vers 25
INDUS
Geh zum Propheten Elias zu Vers 24
GIALLO
Geh zum Propheten Elias zu Vers 23
FASIN
Geh zum Propheten Elias zu Vers 22
ERBA
Geh zum Propheten Elias zu Vers 21
DELFO
Geh zum Propheten Elias zu Vers 20
CORSO
Geh zum Propheten Elias zu Vers 19
TIBER
Geh zum Propheten Elias zu Vers 18
SERRA
Geh zum Propheten Elias zu Vers 17
BRENTA
Geh zum Propheten Moses zu Vers 18
TOPINO
Geh zum Propheten Moses zu Vers 17
MARE
Geh zum Propheten Moses zu Vers 16
CHIASCIO
Geh zum Propheten Moses zu Vers 15
CAINA
Geh zum Propheten Moses zu Vers 14

JUPITER
ARNO
Geh zum Propheten Jonas zu Vers 27
BIENTE
Geh zum Propheten Jonas zu Vers 28
CARIDDI
Geh zum Propheten Jonas zu Vers 29
DONAU
Geh zum Propheten Jonas zu Vers 30
ERCOLE
Geh zum Propheten Jonas zu Vers 31
FONTANA
Geh zum Propheten Jonas zu Vers 32
GENNA
Geh zum Propheten Jonas zu Vers 33
ISCHIO
Geh zum Propheten Jonas zu Vers 34
ISMENO
Geh zum Propheten Jonas zu Vers 35
MELLINO
Geh zum Propheten Jonas zu Vers 36
NESTORE
Geh zum Propheten Simeon zu Vers 18
OGLIO
Geh zum Propheten Simeon zu Vers 19
PESCHIERA
Geh zum Propheten Simeon zu Vers 20
QUERICION
Geh zum Propheten Simeon zu Vers 21
RATTO
Geh zum Propheten Simeon zu Vers 22
SERCHIO
Geh zum Propheten Simeon zu Vers 23
TROIANO
Geh zum Propheten Simeon zu Vers 24
VERMIGLIO
Geh zum Propheten Simeon zu Vers 25
ETSCH
Geh zum Propheten Simeon zu Vers 26
BALACO
Geh zum Propheten Simeon zu Vers 27
CAINA
Geh zum Propheten Simeon zu Vers 28
DUERO
Geh zum Propheten Simeon zu Vers 29
HELIKON
Geh zum Propheten Simeon zu Vers 30
FALLACE
Geh zum Propheten Simeon zu Vers 31
GENTILE
Geh zum Propheten Simeon zu Vers 32
ITERNA
Geh zum Propheten Simeon zu Vers 33
SILLA
Geh zum Propheten Simeon zu Vers 34
JORDAN
Geh zum Propheten Simeon zu Vers 35
ADDA
Geh zum Propheten Simeon zu Vers 36
BRENTA
Geh zum Propheten Moses zu Vers 19
CARO
Geh zum Propheten Moses zu Vers 20
DELFO
Geh zum Propheten Moses zu Vers 21
EMOLO
Geh zum Propheten Moses zu Vers 22
FALASCO
Geh zum Propheten Moses zu Vers 23
GENNA
Geh zum Propheten Moses zu Vers 24
JACINTO
Geh zum Propheten Moses zu Vers 25
LENTO
Geh zum Propheten Moses zu Vers 26
MELSO
Geh zum Propheten Moses zu Vers 27
NESTORE
Geh zum Propheten Moses zu Vers 28
NAVILE
Geh zum Propheten Moses zu Vers 29
OGLIO
Geh zum Propheten Moses zu Vers 30
ORIGANO
Geh zum Propheten Elias zu Vers 26
PANARO
Geh zum Propheten Elias zu Vers 27
POTENZA
Geh zum Propheten Elias zu Vers 28
PO
Geh zum Propheten Elias zu Vers 29
QUANTO
Geh zum Propheten Elias zu Vers 30
REALE
Geh zum Propheten Elias zu Vers 31
RHONE
Geh zum Propheten Elias zu Vers 32
RIVO
Geh zum Propheten Elias zu Vers 33
RATTO
Geh zum Propheten Elias zu Vers 34
SECCA
Geh zum Propheten Elias zu Vers 35
XANTHOS
Geh zum Propheten Elias zu Vers 36
DON
Geh zum Propheten Elias zu Vers 37
TRONTO
Geh zum Propheten Elisäus zu Vers 26
VIVO
Geh zum Propheten Elisäus zu Vers 27
VAR
Geh zum Propheten Elisäus zu Vers 28

JUNGFRAU
ARNO Geh zum Propheten Elisäus zu Vers 29
ETSCH Geh zum Propheten Elisäus zu Vers 30
BIENTE Geh zum Propheten Elisäus zu Vers 31
BRENTA Geh zum Propheten Elisäus zu Vers 32
CHIASCIO Geh zum Propheten Elisäus zu Vers 33
CAINA Geh zum Propheten Elisäus zu Vers 34
CARIDDE Geh zum Propheten Elisäus zu Vers 35
DIANO Geh zum Propheten Elisäus zu Vers 36
DELFO Geh zum Propheten Elisäus zu Vers 37
ELISO Geh zum Propheten Jonas zu Vers 37
ELSA Geh zum Propheten Jonas zu Vers 38
FONDO Geh zum Propheten Jonas zu Vers 39
FOSSATO Geh zum Propheten Jonas zu Vers 40
GROSSO Geh zum Propheten Jonas zu Vers 41
GELSO Geh zum Propheten Jonas zu Vers 42
IBERNA Geh zum Propheten Jonas zu Vers 43
INDUS Geh zum Propheten Jonas zu Vers 44
CARIDDI Geh zum Propheten Moses zu Vers 36
LAURO Geh zum Propheten Jonas zu Vers 46
MARECCHIA Geh zum Propheten Jonas zu Vers 47
MASOLA Geh zum Propheten Jonas zu Vers 48
METAURO Geh zum Propheten Simeon zu Vers 37
NESTORE Geh zum Propheten Simeon zu Vers 38
NEKTALIM Geh zum Propheten Simeon zu Vers 39
OGLIO Geh zum Propheten Simeon zu Vers 40
ONTONE Geh zum Propheten Simeon zu Vers 41
POTENZA Geh zum Propheten Simeon zu Vers 42
PANÀRO Geh zum Propheten Simeon zu Vers 43
BALACO Geh zum Propheten Moses zu Vers 33
ETSCH Geh zum Propheten Moses zu Vers 32
ARNO Geh zum Propheten Moses zu Vers 31
ROSA Geh zum Propheten Elias zu Vers 54
PANÀRO Geh zum Propheten Elias zu Vers 53
POTENZA Geh zum Propheten Elias zu Vers 52
OMBRONE Geh zum Propheten Elias zu Vers 51
OGLIO Geh zum Propheten Elias zu Vers 50
NAVILE Geh zum Propheten Elias zu Vers 49
NESTORE Geh zum Propheten Elias zu Vers 48
MELSO Geh zum Propheten Elias zu Vers 47
MARE Geh zum Propheten Elias zu Vers 46
LEUMINO Geh zum Propheten Elias zu Vers 45
LOSSA Geh zum Propheten Elias zu Vers 44
ITALICO Geh zum Propheten Elias zu Vers 43
JOTA Geh zum Propheten Elias zu Vers 42
GROSSO Geh zum Propheten Elias zu Vers 41
CENNA Geh zum Propheten Elias zu Vers 40
FALASCO Geh zum Propheten Elias zu Vers 39
FIMMEGINO Geh zum Propheten Elias zu Vers 38
ELIUD Geh zum Propheten Moses zu Vers 41
ERCOLE Geh zum Propheten Moses zu Vers 40
DONAU Geh zum Propheten Moses zu Vers 39
DURAZZO Geh zum Propheten Moses zu Vers 38
CORINTO Geh zum Propheten Moses zu Vers 37
ORCIA Geh zum Propheten Jonas zu Vers 45
CAINA Geh zum Propheten Moses zu Vers 35
BOREO Geh zum Propheten Moses zu Vers 34

WAAGE
ETSCH
Geh zum Propheten Elias zu Vers 56
AUSTRO
Geh zum Propheten Elisäus zu Vers 38
BASSETO
Geh zum Propheten Elisäus zu Vers 39
BIANCO
Geh zum Propheten Elisäus zu Vers 40
CARIDDE
Geh zum Propheten Elisäus zu Vers 41
CAINA
Geh zum Propheten Elisäus zu Vers 42
CORINTO
Geh zum Propheten Elisäus zu Vers 43
DUERO
Geh zum Propheten Elisäus zu Vers 44
DELFO
Geh zum Propheten Elisäus zu Vers 45
DONAU
Geh zum Propheten Elisäus zu Vers 46
EUFEO
Geh zum Propheten Elisäus zu Vers 47
ESTRUO
Geh zum Propheten Elisäus zu Vers 48
DURAZZO
Geh zum Propheten Elisäus zu Vers 49
FASIN
Geh zum Propheten Elisäus zu Vers 50
FINMEGINO
Geh zum Propheten Elisäus zu Vers 51
GALANGA
Geh zum Propheten Elisäus zu Vers 52
GENNA
Geh zum Propheten Elisäus zu Vers 53
ISTER
Geh zum Propheten Elisäus zu Vers 54
IBERNO
Geh zum Propheten Elisäus zu Vers 55
LOSCANO
Geh zum Propheten Elisäus zu Vers 56
LEALE
Geh zum Propheten Jonas zu Vers 49
MARECCHIA
Geh zum Propheten Jonas zu Vers 50
METAURO
Geh zum Propheten Jonas zu Vers 51
MELLINO
Geh zum Propheten Jonas zu Vers 52
NESTORE
Geh zum Propheten Jonas zu Vers 53
OGLIO
Geh zum Propheten Jonas zu Vers 54
PALMA
Geh zum Propheten Jonas zu Vers 55
ARNO
Geh zum Propheten Elias zu Vers 55
ARNO
Geh zum Propheten Jonas zu Vers 56
AMARO
Geh zum Propheten Simeon zu Vers 44
AMBRO
Geh zum Propheten Simeon zu Vers 45
BIENTE
Geh zum Propheten Simeon zu Vers 46
BOREO
Geh zum Propheten Simeon zu Vers 47
CARIDDI
Geh zum Propheten Simeon zu Vers 48
CAINA
Geh zum Propheten Simeon zu Vers 49
CHIANI
Geh zum Propheten Simeon zu Vers 50
DONAU
Geh zum Propheten Simeon zu Vers 51
DIANO
Geh zum Propheten Simeon zu Vers 52
ELSA
Geh zum Propheten Simeon zu Vers 53
FONTE
Geh zum Propheten Simeon zu Vers 54
FORTE
Geh zum Propheten Simeon zu Vers 55
GENNA
Geh zum Propheten Simeon zu Vers 56
LOSSA
Geh zum Propheten Moses zu Vers 42
MARE
Geh zum Propheten Moses zu Vers 43
MELSO
Geh zum Propheten Moses zu Vers 44
NAVILE
Geh zum Propheten Moses zu Vers 45
NESTORE
Geh zum Propheten Moses zu Vers 46
ORCIA
Geh zum Propheten Moses zu Vers 47
OGLIO
Geh zum Propheten Moses zu Vers 48
PALMA
Geh zum Propheten Moses zu Vers 49
PO
Geh zum Propheten Moses zu Vers 50
PANÀRO
Geh zum Propheten Moses zu Vers 51
RODO
Geh zum Propheten Moses zu Vers 52
POLO
Geh zum Propheten Moses zu Vers 53
SERRA
Geh zum Propheten Moses zu Vers 54
SILLA
Geh zum Propheten Moses zu Vers 55

PROPHET DAVID

01 Erhoffe dir von Gott ein langes Leben,
Gesundheit, Wohlstand, Glück für immerdar.
Er möge, was du wünschst, dir allzeit geben.

02 Verzage nicht in dieser schweren Lage.
Drei Jahre höchstens wird sie dauern, dann,
kann ich versichern, kommen frohe Tage.

03 Der Sieg ist dein, doch willst du ihn erringen,
ist einiges an Kopfzerbrechen nötig.
Wer Krieg führt, muss ein Labyrinth bezwingen.

04 Mit eines andern Pech dein Glück beginnt,
viel Schönes hält der Himmel dir bereit.
Wer Gutes tut, dem ist er wohl gesinnt.

05 Es dauern deine Nöte noch recht lange,
doch dann, mithilfe eines wahren Freundes,
wirst du sie überwinden, keine Bange.

06 Wenn du nicht hörst, was andere dir sagen,
wirst du sehr bald in Not geraten
und musst die Menschen dann um Hilfe fragen.

07 Mit Glück, nicht weil er von Vernunft getragen,
wird dir dein Plan sehr wohl gelingen,
wenn du ihn förderst ohne Furcht und Zagen.

08 Lass bloß nicht zu, dass dein geliebter Mann
des Nachts sich schleicht, weil dann, wenn du es duldest,
was süß ist, bald schon bitter schmecken kann.

09 Drei Monde werden nicht vergehen,
dann wird dies Leid ein Ende haben:
Fortuna wird das Schicksal drehen.

10 Ein langes Leben ist dir zwar beschieden,
doch dann, wenn dir die letzte Stunde schlägt,
erbärmlich ist dein letzter Schritt hienieden.

11 Statt Nutzen wird's nur Schaden für dich geben –
nicht deine Schuld, doch eines andern Trug –,
denn wer vertraut, wird oft Verdruss erleben.

12 So gar nicht rosig wird dein Erdenleben.
Die Liebe ist dein Ding nicht und auch sonst
wird's keine großen Highlights für dich geben.

13 So schließ ihn denn, den Bund fürs Leben.
Ein Prachtkerl ist dein Bräutigam.
Die Chance wird's nicht zweimal geben.

14 Viel Schaden wird bewirken diese Rache.
Nachdem sie ausgeführt, wird sie für den,
der sie vollzog, zu einer unliebsamen Sache.

15 Die Seelenpein wird bald zu Ende gehen.
Dann wirst du nach den vielen trüben Tagen
den Himmel wieder klar und heiter sehen.

16 Es liebt dich jemand insgeheim mit aller Macht,
brennt nur darauf, dich irgendwann zu sehen,
und sinnt, was dich wohl glücklich macht.

17 Nimm dir den Mann und bleib ihm treu im Leben,
ihr werdet lange beieinander sein,
wie's deine Schönheit und dein Rang erstreben.

18 Nicht wirklich glücklich ist dein liebes Weib.
Charmant ist sie und attraktiv, drum bitte Gott,
dass sie es nicht bereut und bei dir bleibt.

19 Deine Eskapaden waren Gift für ihre Liebe.
Drum wär es besser, wenn an deiner Treue
in Zukunft ihr kein Hauch von Zweifel bliebe.

20 Mein Freund, ich rate dir von dieser Reise ab.
Es könnte dir ein Unheil widerfahren,
dann blüht statt eines neuen Maien dir das Grab.

21 Durch fremde Ränke wirst du diesen Kampf verlieren.
Kein Sieg ist möglich, wo im Herz des Gegners
nur Lug und Trug und Hinterlist regieren.

22 Kühl ist sie, bar jeder Leidenschaft und Lust,
und ihr Gefühl für dich ist nicht gerade ernst.
Lass lieber ab von ihr, sonst gibt's nur Frust.

23 Mit Mut und Klugheit wirst du ihn besiegen,
den zähen Gegner, und am Ende wird
dein alter Feind vor dir am Boden liegen.

24 Unordnung, Trägheit und Saumseligkeit
die werden dich zum Loser machen.
Schaden und Spott sind dann nicht weit.

25 Sie ist begabt, hat reiche Fähigkeiten,
sie fördert sie und hält auf ihre Ehre.
Das klingt nach hoffnungsvollen Zeiten.

26 Die eine Frau nur wirft dich aus der Bahn.
Doch du sei klug und kehre um,
geh lieber deinen eignen Weg voran.

27 Verfolge deinen Wunsch wohl mit Bedacht
und zweifle nicht, dass du befriedigt wirst,
weil nach dem Regen gleich die Sonne lacht.

28 Viel Ehr und Prunk und Pracht und Ruhm auf Erden
wird man bei deinem Tode dir erweisen.
So wie die Blüte war, wird auch die Frucht dann werden.

29 Das Schlösschen ist geknackt ganz ohne Plage.
Mein Freund, lass uns von andern Dingen reden.
Ein rares Gut ist Treue heutzutage.

30 Vermieden sei die Rache, auf die man sinnt,
durch eine bessere Entscheidung.
Die Kränkung bleibt dann ungesühnt.

31 Du solltest derzeit nicht verreisen.
Es lauern nämlich überall Gefahren,
die könnten sich als folgenschwer erweisen.

32 Und würdest deine Pflicht du tun im Bett,
wie es sich ziemt und du es wohl verstehst,
dann wäre dein Gemahl gewiss komplett.

33 Hab keine Angst zu wagen diese Reise.
Mag sie am Anfang auch beschwerlich sein,
so endet sie auf vorteilhafte Weise.

34 Dein Wunsch wird schwerlich in Erfüllung gehen,
denn niemals lässt der liebe Gott im Himmel
aus schlechtem Samen gute Frucht entstehen.

35 Du liebst dich selbst nicht, armer Tor,
und wenn du glaubst, dass andere dich lieben,
dann machst du dir nur etwas vor.

36 Wohlan denn, auf zu dieser neuen Reise.
Sie wird an Leib und Seele dir bekommen
und ist empfehlenswert in jeder Weise.

37 Geh nur, auf jeden Fall, doch pass gut auf,
dass ja kein Priester dich begleitet.
Er brächte Unheil dir zuhauf.

38 Was du dir denkst und wünschst in deinem Herzen,
wird in Erfüllung gehen, ganz gewiss.
Doch vorher blühen dir noch manche Schmerzen.

39 Du solltest diesen Kampf noch nicht bestreiten.
Nimmst du dir eine Frau in diesem neuen Jahr,
so wirst du Tristan nach Cornwall begleiten.

40 Was sie dir gibt und gab an Liebe,
das will ein anderer vernichten,
auf dass davon kein Hauch dir bliebe.

41 Scher dich nicht um das Lästern mancher Leut'.
Heil und betucht wirst diesen Schritt du überstehen,
bei dem immerwährend grausam Feuer dräut.

42 Dein Gatte, er sorgt sich um dich nicht so sehr.
An andere denkt er und fest auch daran,
statt dich nur zu schrecken, zu handeln vielmehr.

43 Nach neuen Speisen gelüstet es deinen Gemahl.
Mit anderen Frauen sucht er sich zu vergnügen.
Das ist für dein Befinden höchst fatal.

44 Der Krieg, der sich ergeben wird im Ort,
der wird für dich von großem Schaden sein.
Und was ich sage, wird dir klar sofort.

45 Stets ehrenvoll und ruhmreich ist dein Leben,
doch noch mehr Glanz wird dir im Tod zuteil.
Der Himmel wird dir höhere Glorie geben.

46 Gut und segensreich für dich wird dieses Jahr,
drum gehe deinen Weg und zweifle nicht,
dass Großes du vollbringen kannst fürwahr.

47 Fantastisch wird das Jahr, das angebrochen.
Was du erhoffst, wird in Erfüllung geh'n,
und das zu sehen freut mich ausgesprochen.

48 Unglücklich bist du ohne sie, wie wahr,
drum zögere nicht und nimm sie zur Frau.
Lass nicht verstreichen ein weiteres Jahr.

49 Die Reise, die dir auf den Nägeln brennt,
sie wird dein Unglück sein, daher mein Rat:
Lass sie doch lieber bleiben im Moment.

50 Willst du den Bund fürs Leben schließen,
wirst du vom Frieden in den Krieg geraten.
Das könnte dich ganz schön verdrießen.

51 Das Pech wird weiter an dir kleben,
Leid über Leid, Ängste und Sorgen.
Kein Lichtblick wird dir Hoffnung geben.

52 Das sagt, mein lieber Freund, dir dein Prophet:
Versagen darfst du diesmal nicht, weil dann
mehr Schaden denn als Nutzen dir entsteht.

53 Lange wirst du leben und den Himmel schmähen.
Am Ende wirst ob deiner bösen Zunge du
wohl in die ewige Verdammnis gehen.

54 Viel Nutzen, Ehre und Gewinn
wird dieser Handel für dich bringen.
Sei klug und spare auf die Zukunft hin.

55 Würd'st du den Plan für dich behalten,
wäre das okay. Doch weil du es nicht tust
wird sich daraus nichts Gutes entfalten.

56 Hör zu mein Freund, ich will dich nicht belügen:
Du hast nur Pech, denn jede, die du triffst,
versucht dich in der Liebe zu betrügen.

PROPHET DANIEL

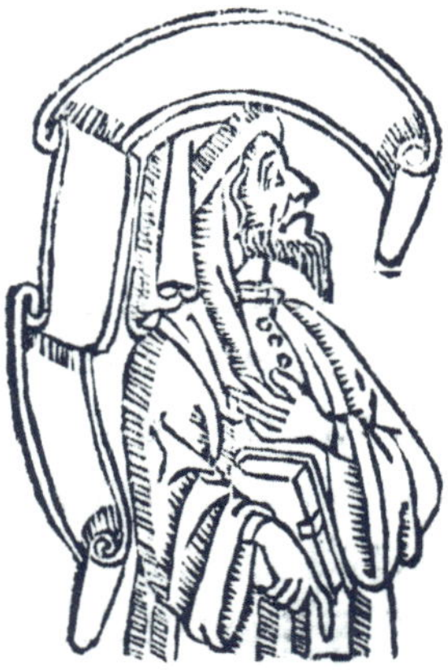

01 Geh diesen Weg, er bringt dich sicher weiter.
Doch geh ihn ehrlich, ohne Hinterlist.
Dann seh ich deine Zukunft ziemlich heiter.
02 Weil das Land in Streit und Zwietracht steht,
hast du viel Schaden, wenig Nutzen.
So kommt es, wenn die Eintracht flöten geht.
03 Der Streit mit einem unliebsamen Pfaffen
wird dir viel Unannehmlichkeiten bringen.
Er wird mehr Ärger dir als Freude schaffen.
04 Makellos ist deine Frau, voll edler Gaben.
Ihr tadelloser Ruf gereicht ihr sehr zur Ehre.
Drum höre nicht, was andere zu lästern haben.
05 Wer dich beleidigt hat, der mag sich sorgen,
ob der Vergeltung, die der Kränkung folgt.
Doch das erfüllt sich nicht von heut auf morgen.
06 Sie liebt dich mehr als alles hier auf Erden,
sie trägt dich still und treu in ihrem Herzen.
Lass dies Gefühl dir zum Geheimnis werden.
07 Nicht wohlgesonnen deinem Lebensglück
scheint mir der Himmel in der Tat zu sein.
Dein Leiden dauert noch ein gutes Stück.
08 Gewinn und Verlust halten sich die Waage,
beide sind annähernd gleich.
Viel Geld wird aber fließen, keine Frage.
09 In deinem Herzen hegst du einen Plan.
Wenn du nicht zögerst und nicht knauserst,
dann schreitet er zügig und günstig voran.
10 Du wirst geliebt, bist überall willkommen.
Doch eine Frau, die will dir Böses insgeheim,
weil du ihr Werben einst nicht ernst genommen.
11 Dein Wunsch eilt leider viel zu weit voraus,
du machst den zweiten Schritt schon vor dem ersten.
So geht das Unternehmen nicht gut aus.
12 Rechtschaffen ist dein Weib und wohl erzogen,
doch auch ein wenig eitel, und sie hat es gern,
wenn sie umschwärmt wird, das ist nicht gelogen.
13 Viel Kummer hattest du bisher, fürwahr.
Nun freu dich aber, denn das Glück
wird dir gewogen sein von Jahr zu Jahr.
14 Du solltest diese Reise noch vertagen,
sie könnte nicht sehr glücklich für dich enden.
Das möchte ich dir hiermit sagen.
15 Männer und Frauen, ob Greis oder Kind
sind dir verbunden und haben dich gern.
Ein Priester nur ist es, der Übles dir sinnt.
16 Zwar hart errungen, doch der Sieg ist dein.
Denn wer recht hat, soll mit Gottes Hilfe
die Oberhand gewinnen. So soll es sein.
17 Er weiß es selbst nicht, was er will, dein Mann.
Nur mit Ergebenheit und großer Mühe
ein Weib wie du ihn wohl ertragen kann.
18 Vergiss die Erste, doch die Zweite schnappe dir.
Dank ihrer Tugenden steht dann für dich
ein Leben voller Freude vor der Tür.
19 Sie liebt dich immer noch von ganzem Herzen.
Doch nicht mehr lange, denn durch dein Verhalten
wirst du dir ihre Gunst verscherzen.
20 Dein Glück, mein Freund, hiermit ein Ende fand.
Ein solches Übel vermagst du nicht zu heilen.
Was das bedeutet, ist dir wohl bekannt.
21 Weil du um jemand wirbst, der dich nicht liebt,
verläuft dein Dasein ziemlich trist.
Wobei das Schicksal dir kaum Hoffnung gibt.
22 Erfreue dich weiterhin deiner glücklichen Tage.
Und all das Schöne, das du dir sehnlichst erhoffst,
wird bald in Erfüllung geh'n, so wie ich sage.
23 Durch deines Feindes Hand wirst du verscheiden.
Um Gnade flehen nützt dir nichts in diesem Fall.
Das Ende deiner Tage lässt sich nicht vermeiden.
24 Aus und vorbei ist's mit ihrer Liebe für dich.
Du brauchst dir keine Hoffnungen zu machen.
Jetzt liebt sie einen andern inniglich.
25 Bei deinem Tode wirst du hoch in Ehren sein,
du und die ganze Familie. Im Jenseits
gehst du dann in deines Schöpfers Gnade ein.
26 Sie ist nichts für deinen Gaumen, lass dir sagen.
Sie liebt dich nicht und hält solch exquisite Kost
für nicht sehr angebracht für deinen Magen.
27 Keinen ehrenvollen Sieg in diesem Streit
wirst du erringen. Das Schicksal aber hält
noch manchen anderen Triumph für dich bereit.

28 Sie liebt dich zwar und hat dich in ihr Herz geschlossen,
doch ihre Liebe hat sie ehrlich und in Stille
ganz scheu in ihrem Innersten verschlossen.

29 In diesem Streit kannst du unmöglich siegen.
Dein Feind hat Gott auf seiner Seite.
Das wird den Kampf zu seinen Gunsten biegen.

30 Ein Dieb, der bei dir eindringt, um zu klauen,
verursacht dir beträchtlichen Verlust.
Daran hast du noch ziemlich hart zu kauen.

31 Deiner lieben Braut ist sehr daran gelegen,
dass sie bewundert wird. Ansonsten aber
brauchst du wohl keinerlei Bedenken hegen.

32 Was du vorhast, wird gelingen –
vertrau auf Daniel, den Propheten –
und deinem Leben Freude bringen.

33 Gehst du, mein Freund, den Bund der Ehe ein,
dann kann ich klipp und klar dir sagen:
Dir wird sie Frau, doch andern Liebchen sein.

34 Ihr ganzes Denken gilt nur dir allein.
Das weißt du doch, du kennst sie ja.
Vertraue ihr und lass die Zweifel sein.

35 Die Frauen machen dir oft schwer das Leben.
Doch auch allein geht's dir nicht wirklich gut.
Mach dir nichts draus und denk: Das wird sich geben.

36 Lass dich noch nicht an diese Leine binden.
Legst du dich fest, so geht das ungut für dich aus.
Das alte Eis wird nicht so schnell verschwinden.

37 Viel wirst du verlieren und der große Schaden
ist wie ein Raub für dich. Es sei denn, Gott
kommt dir zu Hilfe dann mit seinen Gnaden.

38 Mach dich in Gottes Namen auf die Reise.
Sie wird für Leib und Seele nützlich sein.
Auf dass sie wert- und friedvoll sich erweise.

39 Es schenken deine still verteilten Spenden
dir langes Leben auf der Welt. Im Jenseits
werden sie das Höllenfeuer von dir wenden.

40 Gut und anständig sei man sein ganzes Leben.
Will man es froh und hoffnungsvoll beschließen,
dann darf es keinen Sinneswandel geben.

☞ Ein Workaholic ist dein Mann:
Karriere, Stress, Erfolg und Geld.
Und du kommst erst ganz hinten dran.

41 Ein schlechtes Jahr steht nun bevor.
Besorg dir Brot für deine Feste,
denn wer nicht vorsorgt, ist ein Tor.

42 Was du wohl willst, das wollen nicht die Frauen.
Drum gehe lieber keine Ehe ein,
denn diese Kost wirst du nicht gut verdauen.

43 Nimmst du dir eine Frau, dann wisse, was dir blüht:
Im Kreise der Gehörnten wirst du landen.
Leicht kommt zu Fall, wer nachts auf Streifzug geht.

44 Am Anfang stehen Vorteil und Gewinn.
Dann wird der Nutzen schwinden und am Schluss
ist durch Betrügereien wieder alles hin.

45 Die Kränkung wirst du rächen, die dir widerfahren,
wenn auch beträchtlicher Schaden dir daraus entsteht.
Wenig Gewinn wirst du ziehen aus diesem Verfahren.

46 Nimm bitte keinen Mann dir dieses Jahr.
Tust du es doch – so hat der Himmel es befohlen –,
dann kriegst du einen schwulen Spieler, ja fürwahr.

47 Nach trüben Tagen kommt stets Sonnenschein.
So darfst du hoffen, dass in Bälde
sich jemand zeigt, der lindert deine Pein.

48 Ein gutes Herz hat deine Braut und sie ist nett.
Sie ist in jeder Hinsicht spitze – und der Clou:
Im Winter liegt sie hüllenlos in deinem Bett.

49 Du bist vermehrt Beleidigungen ausgesetzt
und möchtest dich gebührend dafür rächen.
Pass auf, sonst beißt du in das Gras zu guter Letzt.

50 Nimm den Mann und sage ja, denn eins ist klar:
Die Chance wird es nicht noch einmal geben.
Froh und glücklich wirst du sein, na wunderbar.

51 Moment, die Zeit ist noch nicht reif dafür.
Wart ab, dann sehe ich ganz klar,
steht die Veränderung vor deiner Tür.

52 In diesem Monat nimm dir keinen Mann,
auch nicht im nächsten. Tust du's doch,
zu Unrecht eifersüchtig wär er dann.

53 So nimm sie doch, sie ist für dich nur ein Gewinn.
So ohne Frau tust du dich schwer im Leben.
Ein Teil ist futsch, doch wirf nicht alles hin.

54 Die Situation für dich wird nur noch schlimmer.
Glaub nicht, dass du aus dieser Lage dich befreist.
Von diesem Übelstand erholest du dich nimmer.

55 Der Gewinn, den du erhoffst mit Bangen,
wird größer sein als alle Kosten.
Er wird dir aber Opfer abverlangen.

56 Dein Durst nach Rache ist wahrhaftig groß,
er wird noch größ're Kränkung provozieren.
Lass vom verflixten Weib die Hände bloß.

☞ Weil Spirito hier fehlte, bietet Menapace, sein Übersetzer, einen passenden Ersatz

PROPHET EZECHIEL

01 Nach vielen Mühen, Leid und Plagen
wirst du in deines Schöpfers Gnade sterben.
So scheidest du aus deinen tristen Tagen.
02 Nach deinem Tode droht beträchtliche Gefahr
ob deines Hochmuts, deiner Überheblichkeit.
Wer schwach ist, sei nicht arrogant, wohl wahr.
03 Was du vorhast, ist nicht ehrlich, denk daran.
Es könnte sogar klappen, doch ein Verräter
vermasselt dir den offenkundigen Plan.
04 Erwischst mit jungen Burschen du den Mann,
sei clever, zahl's ihm heim und biete
deine Köstlichkeiten einem andern an.
05 Gar reiche Ernte bringt an sich das Land.
Doch einen Teil davon wirst du verlieren,
nachdem du es gebracht in deine Hand.
06 Folge der Straße, die dir am besten liegt.
Zurück nimm aber einen andern Weg,
weil's sonst bestimmt ein Unglück gibt.
07 Der Handel kostet dich viel Schweiß und Nerven.
Am Ende aber wird er dank Fortunas Hand
auch stattlichen Gewinn abwerfen.
08 Nie hatte deine Frau etwas im Sinn,
was gegen ihre Ehre und die deine ist.
Halt sie gut fest, sie ist ein kostbarer Gewinn.
09 Nicht von dir, doch von dort oben wird ergehen
das Urteil, das Vergeltung üben wird,
als Strafe für des anderen Vergehen.
10 Durch Kleinigkeiten kommt sie aus dem Gleichgewicht.
Voll Eifersucht ist deine Frau, doch eins ist klar:
Ihre Eifersucht, die nützt ihr nicht.
11 Bescheiden und ärmlich verläuft dein Leben.
Doch weil du so gütig und hilfsbereit bist,
wird man dich allerseits achten und mögen.
12 Zunächst wirst du für lange Zeit in Nöten sein.
Danach wirst du zu Glück und Wohlstand kommen.
Doch bald darauf hüllt dich die Mutter Erde ein.
13 Bis zum Letzten musst du gehen, um zu siegen.
Am Ende aber wirst du triumphieren.
Dein Feind wird Ungemach und Ärger kriegen.
14 Freu dich des Lebens und lass dich verführen.
Dies ist das Jahr, die Ruhe zu genießen.
Du könntest deinen Schuppen reparieren.
15 Weil du kostbare Zeit verschwendest,
kommst du zu nichts. Wenn du nur zauderst und trödelst,
so wie der Schnee in der Sonne du endest.
16 Nur einen kleinen Makel hat dein Bräutigam:
Anstatt auf Weiblein, er vielmehr auf Männlein steht.
Für Frauen er sich nicht erwärmen kann.
17 Angegriffen hat man dich zu Recht.
Drum will Gott nicht, dass du Vergeltung übst.
Tust du es doch, ergeht's dir schlecht.
18 Lass dich bei Gott auf dieses Spiel nicht ein.
Denn solche Kost ist nichts für dein Gemüt.
Dein kleiner Freund soll nicht so ungeduldig sein.
19 Folg nicht dem Bösen gegen die Natur,
sonst wird dein Gut der Hagel treffen
und Schaden bringen Feld und Flur.
20 Nimm dieses Mädchen, ich sag es unumwunden.
Sie liebt dich über alles auf der Welt
und fühlt im Herzen eng sich dir verbunden.
21 Das falsche Treiben fetter Gottesleute
bereitet Schmerzen dir hienieden.
Verkehre nicht mit der perversen Meute.
22 Gefühlvoll ist der Mann und gut in hohem Grade.
Drum nimm ihn und warte nicht länger zu.
Dieses Geschenk ist eins von Gottes Gnade.
23 Sie liebt dich nicht, sie hat dich aber auch nicht satt.
Sie pendelt zwischen Ja und Nein, ist unentschlossen.
Sie schaut, wer sie mehr liebt und mehr in Ehren hat.
24 Begegne ihr ehrlich, mit offenem Gesicht,
dann kannst du dir Gleiches von ihr erwarten.
Ob du's nun glauben willst oder auch nicht.
25 Unberechenbar ist er und je nach Mond bei sich.
Er rastet jederzeit und unversehens aus.
Und wegen jeder Kleinigkeit beschimpft er dich.
26 Groß und fett wird werden dein Gewinn.
Doch langsam wird er sich in Rauch auflösen,
und ohne dass du's merkst, ist er dahin.
27 Es schwärmte ihr eine so sehr von dir vor,
dass sie jetzt voll auf dich steht und glaubt,
sie liebt dich so innig wie keine zuvor.

28 Weil du dich einmischst in zu viele Sachen,
machst du dich allenthalben unbeliebt.
Das wird dir wenig Freude machen.

29 Wenn du zu ihm wärst so wie er zu dir,
mein lieber Schwan, das ist gewiss,
dann stünde er längst draußen vor der Tür.

30 Ich sage dir, dass sie dich über alles liebt,
und dass es nicht mehr lange dauern wird,
bis sie es dir mit Taten zu erkennen gibt.

31 Nicht immer kann man siegen und nicht überall.
Üb' in Geduld dich, denn der Himmel
erfüllt dir deinen Wunsch auf jeden Fall.

32 Weil du ihr Ärger machst und auch Verdruss,
sodass das Gold den Glanz verliert,
steht dir nicht zu des Glücks Genuss.

33 Ehrlich und mehr als sich selbst liebt dich dein Mann.
Er kann es dir beweisen, doch stattdessen
hörst du auf andere Zungen und glaubst nicht dran.

34 Du bist wohl gerne unbeliebt, oh Mann.
Du nimmst nicht wahr, dass du dir Feinde machst.
Das führt dazu, dass kaum ein Mensch dich leiden kann.

35 Gar manch Problem kann ich für diese Reise sehen.
Du kannst sie aber unverzagt in Angriff nehmen.
Am Ende wirst du jedem Hinterhalt entgehen.

36 Wäre deine Absicht fair und offen,
würde es gelingen. Doch weil sie das nicht ist,
darfst du dir keinerlei Erfolg erhoffen.

37 Sei froh und glücklich ohne Schranken,
weil alle Welt und Gott dich liebt.
Das hast du deinen Wurzeln zu verdanken.

38 Bis auf einen Nachbar, der dich nicht leiden kann,
bist du bei allen gern gesehen und beliebt.
Worüber sich ein Erdenmensch nur freuen kann.

39 Glaub mir, besser ist es, nicht zu wissen,
als zu wissen und nachdem man es erfahren,
zu jammern und darüber Tränen zu vergießen.

40 Von bösen Menschen kriegst du keine Liebeszeichen.
Geliebt wirst du von denen, die vollkommen sind.
Das wird zum Nutzen und zur Ehre dir gereichen.

41 Weil du Erbarmen hast mit deines Nächsten Leiden,
winkt Rettung dir. Dank deiner Güte
wirst du die ewige Verdammnis meiden.

42 Die Frauen sind kein Mahl für deinen Magen.
Gib dich nicht ab mit ihnen, denn du bist
ein falscher Mönch geworden, muss ich sagen.

43 Dein Spiel beruht auf Lüge und Betrug.
Drum wird der Lohn gering und flüchtig sein.
Um zu gewinnen, gibt's ehrliche Wege genug.

44 Versagt bleibt deinem Mund das Freudenmahl.
Leg einen Vorrat an und höre, was ich sage:
In diesem Jahr wird deine Ernte schmal.

45 Weil du so tugendhaft und gütig bist im Leben,
wird Gott auf deinem Weg dich nicht verlassen
und dir im Dies- und Jenseits Güter geben.

46 Nimmst du sie dieses Jahr zur Frau, dann lass dir sagen,
was dir in Zukunft Schönes blüht:
Du wirst mehr Hörner als ein Rothirsch tragen.

47 Groß ist dein Gewinn, doch heimlich, still und leise
werden Diebe dir die Kasse leeren.
Das ist natürlich ärgerlich in jeder Weise.

48 Iss dir getrost ein schönes, rundes Bäuchlein an,
denn dieses Jahr steht üppiger Ertrag ins Haus.
Und sieh, was ich dir sag', nicht als Geschwafel an.

49 Deine Reise – ja das kann ich sehen –
wird schlecht beginnen, aber dann
friedlich und ruhmreich zu Ende gehen.

50 Für andere groß, für dich jedoch nur klein
ist der Ertrag. Das Schicksal meint's nicht gut mit dir:
In Winters Mitte wirst du ohne Feuer sein.

51 Mein lieber Mann, ich sage dir voraus:
Mit Schimpf und Schande und auch nicht in Frieden
läuft im August dein zügelloses Leben aus.

52 Die Leute lieben dich und halten dich in Ehren.
Wenn du weiterhin redlich und anständig bleibst,
wird ihre Sympathie für dich sich noch vermehren.

53 Um Himmels Willen, nimm dir keinen alten Mann.
Dass dich das reuen wird, sagt dir der Spiegel.
Das merkst du doch, siehst du dich darin an.

54 Siegreich wird der Kampf zu Ende gehen.
Die Mühe, die er kostet, lohnt sich allemal,
wenn am Ende Freude und Erfüllung stehen.

55 Nicht dieses, nächstes Jahr tritt in den Ehestand.
Er wird für dich sehr tröstlich und erfreulich sein.
Doch halte stets die Zügel fest in deiner Hand.

56 Was du verdienst, kommt eben mal so hin.
Es wäre gut, die Spesen zu vermindern.
Verlier das Sparen nicht aus deinem Sinn.

PROPHET JESAJA

01 Hör zu, was ich dir hiermit sagen will:
Sie ahnt es wohl, dass du sie hintergehst,
und zeigt sich deshalb distanziert und kühl.

02 Tugendhaft ist deine Gattin und schier makellos.
Du würdest sie weiß Gott gar nicht verdienen.
Ein kummervolles Dasein bietest du ihr bloß.

03 Vergrößere das Haus und zage nicht.
Für dieses Jahr, das kann ich garantieren,
dein Gut beträchtlichen Ertrag verspricht.

04 Auf dieser Reise, die du hast im Sinn,
wirst du beim Überqueren einer Brücke stürzen.
Danach gelangst du überall ganz sicher hin.

05 Heirate, nimm ihn, sei doch nicht dumm.
Keinen Besseren kannst du dir wünschen.
Die andern süßen Jungs sind nämlich andersrum.

06 Schließ nie mit einem Schuft den Bund fürs Leben.
Ich wüsste nämlich nicht, was dich erwartet,
sollt' es dereinst Konflikte mit ihm geben.

07 Stets gut und freundlich warst du, lieber Mann.
Drum wirst du auch allseits geschätzt und geliebt.
Jesaja, dein Prophet, dir das versichern kann.

08 Die Kränkung wird gerächt, doch nicht von dir.
Und sinnst du etwas anderes in gutem Glauben,
dann wäre es vergebens, glaube mir.

09 Lass das Werben, bleibe cool.
Sie wünscht dich nämlich nur hinweg
in einen stinkigen Jauchepfuhl.

10 Nicht von ungefähr bist du beliebt.
Groß und gütig ist dein Herz, das kann ich sagen,
weil die Wahrheit mich gewiss nicht trügt.

11 Dein Denken wird sich auf das Ziel hin richten.
Sei loyal und ohne Trug. Wer selbst nicht gut ist,
muss auf die Güte anderer verzichten.

12 Bist du gut vorbereitet – das ist hier die Frage –
auf deinen Tod? Der Rest sei nun in Gottes Hand.
Drum forsch nicht länger nach, was ich dir sage.

13 Von kurzer Dauer ist die Liebe nur
zur ersten Frau. Die zweite aber schenkt
dir reichlich Liebe, Glück und Freude pur.

14 Wohl jedermann dir gern zu Diensten steht.
Die Frauen aber sind es, die dich hassen
und die sich freuen, wenn es schlecht dir geht.

15 Das Schicksal hat dir diesen Einfall zugespielt.
Das Glück ist dir jedoch recht wohlgesonnen,
sodass dein Plan durchaus Erfolg erzielt.

16 Dieser Kummer ist gemacht, um dich zu plagen.
Angst und Sorgen werden dich begleiten
bis hin zu deinen letzten Erdentagen.

17 Nimm die Frau, dann wirst du Hans im Glück.
Nicht eben rühmlich ist zurzeit dein Stand.
Befolge meinen Rat und scheue nicht zurück.

18 Ihre Tugenden legt sie nicht jedem offen.
Vollkommen ist sie, doch verschlossen. Wer sie kennt,
darf sich von ihr immenses Glück erhoffen.

19 Dein Erdendasein währt nur kurze Zeit.
Du bist nicht kräftig, aber weil du gut gelebt,
gehst du am Ende ein in Gottes Herrlichkeit.

20 Nur mäßigen Ertrag kannst du dir holen,
teils ob des Wassers und teils ob der Leute.
Und eh du dich versiehst, ist er gestohlen.

21 Du tätest gut daran, dich anders zu verhalten.
Sie hat dich nach wie vor ins Herz geschlossen.
Drum streng dich an, dir ihre Liebe zu erhalten.

22 Hör zu, ich kann dir nur das eine sagen:
Bring sie nicht zum Zweifeln. Tust du's doch,
wird sich die Rache über dich entladen.

23 Arm und unzufrieden kommst du an die Schwelle,
an die ein jeder kommt. Doch freue dich des Lebens,
denn dort erwartet dich des Himmels Helle.

24 Sie hat dich nie geliebt und wird dich niemals lieben.
Sie mag dich nicht und auch nicht, was du tust.
Wenn du's nicht glaubst, wirst du's zu spüren kriegen.

25 Kein Sieg ist möglich gegen Gottes Willen.
Es hätte keinen Sinn, drum sei vernünftig:
Lass es sein und schlag dir aus dem Kopf die Grillen.

26 Nur einmal hat sie etwas falsch gemacht
und jemand ein Geheimnis anvertraut.
Doch das hat keinen Nachteil dir gebracht.

27 Der Grund, warum die Leute dich verehren,
ist deine eigne Ehrenhaftigkeit.
Sie wird dein Ansehen noch weiter mehren.

28 Dein lieber Mann, das sage ich dir heute,
betrügt dich unverblümt nach Strich und Faden.
Das kostet ihn, drum ist er jetzt auch pleite.

29 Hagel, Schnee und kübelweise Regen
beschert der Himmel dir wohl übers ganze Jahr.
Das wird wahrhaftig keine goldne Ernte geben.

30 Dein Glück, du findest es durch Arbeit unter Tage.
Du musst es nur erkennen, dann erwartet dich
ein schönes Leben ohne Not und Plage.

31 Es liebt dich – das ist zweifelsfrei – dein Mann.
Noch ehrlicher wird seine Liebe sein, wenn er
sich deiner Lieb und Treu gewiss sein kann.

32 Der Sieg ist dir gewiss mit Gottes Segen.
Danach wirst du grandios und ohne Sorgen
in Frieden hier auf Erden leben.

33 Standhaft und integer ist bisher dein Mann.
Doch eine andere, die möchte ihn sich angeln.
Sie machte sich schon ganz schön nahe an ihn ran.

34 Ob eines üblen Nachbarn fällt in diesem Jahr
die Ernte mager aus. Es nützt auch nichts,
wenn du so wachsam bist wie nur ein Aar.

35 Gehst du in diesem Jahr den Bund fürs Leben ein,
wirst du mit Geld und Hörnern reich gesegnet.
So werden Süß und Bitter eng beisammen sein.

36 Ehre Gott und seine heilige Schar.
Halte die Tage des Herrn, so wie sie geboten.
Dann bleibt das Glück dir treu für immerdar.

37 Nebel, Frost und Dauerregen
sind Gift für deine Ernte. Noch größere Schäden
wird es durch schlampige Arbeiter geben.

38 Reiche Ernte haben andere an deiner statt.
Drum sag ich dir, viel besser geht es dem,
der Gott auf seiner Seite hat.

39 Ein altes Weib, das dir bekanntlich bös gesinnt,
tut alles, um dich jung ins Grab zu bringen.
Nimm meine Worte ernst, und zwar geschwind.

40 Bis jetzt ging's gut. Doch nun ist es geschehen:
Ein unverschämtes Weib hat alles ruiniert.
Dann soll sie doch mit ihm zum Teufel gehen.

41 Nur Pech und Unglück kann ich für dich sehen.
Drum sage ich, nimmst du dir eine Frau,
dann wird es schlechter als zuvor dir gehen.

42 Hör zu, was ich dir dazu sagen kann:
Höchst unglückselig wird dein Leben sein.
Und siehe da, ein Mord ist schuld daran.

43 Diese bittere und harte Pein
wird früher enden, als du denkst.
Gut und Böse können nicht von Dauer sein.

44 Dein Sinnen würde sich gegen dich kehren.
Sieh davon ab und habe Geduld.
Sonst wirst du die Schande noch weiter vermehren.

45 Sag noch nicht ja, nimm ihn noch nicht zum Mann.
Er wäre nicht das große Los für dich.
Statt eines guten wäre er ein schlechter Fang.

46 Die schweren Sorgen, die dich so bedrücken,
sie werden schwinden, doch nicht ganz vergehen.
Das Schicksal wird dich nicht so schnell beglücken.

47 Wer auf Rache sinnt, dem kann es leicht passieren,
dass ihn zum Schluss das Schwert durchbohrt.
Drum solltest du nicht länger insistieren.

48 In der Verdammnis würde deine Seele enden,
wenn du zu dieser Reise dich entschließt.
Drum solltest du woandershin dich wenden.

49 In diesem Jahr wird üppiger Ertrag dir fließen.
Doch damit nicht genug, denn nach der Ernte
kannst du ihn freudig und entspannt genießen.

50 Deine hemmungslose Lästerzunge,
die du partout nicht zügeln kannst,
gereicht dir nicht zum Ruhm, mein Junge.

51 Das Racheschwert legt Gott in deine Hände.
Damit ist sicher, dass der Feind
nicht ungestraft von dannen zieht am Ende.

52 Die Frauen suchen dich zu hintergehen.
Sie sind dir ganz und gar nicht wohlgesinnt.
Egal, kein Schaden wird dir draus entstehen.

53 Unvermähltes Mädchen, nimm dir einen Mann.
Brich auf mit ihm in eine Zukunft voller Glück.
Reif bist du für die Ehe, geh sie mit Freude an.

54 Ein Unglücksrabe bist du, sieh doch an.
Du wirst noch lang in Nöten sein. Ein solch Problem
man nicht von heut auf morgen lösen kann.

55 Was du vorhast, wird dir zweifellos gelingen;
das kann ich dir versichern. Und die Zukunft
wird dir schöne Zeiten voller Freude bringen.

56 Den Sieg wirst du grandios erringen.
Aber nur, weil andrer Arglist und Verrat
den Gegner in die Knie zwingen.

PROPHET ISAAK

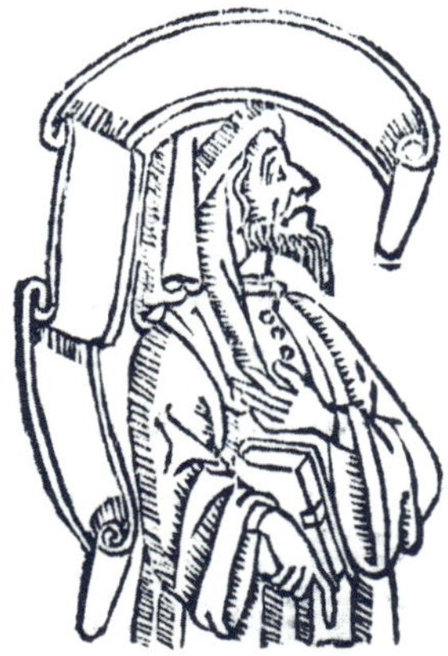

01 Vernimm die Botschaft: Eines andern Menschen Tod
wird dich schwer bedrücken, so dass dir
ein Leben voller Traurigkeit und Kummer droht.
02 Er ist okay, das weißt du doch. Drum lass es sein
und denke nicht, dass du ihn heilen kannst:
Er läuft auch weiter andern Frauen hinterdrein.
03 Den Kampf wirst du mit Sicherheit gewinnen.
Doch die entstandenen Verluste sind sehr groß.
Besser wär's gewesen, ihn nicht zu beginnen.
04 Du redest viel und oft gemeine Sachen.
Drum bist du nicht beliebt. Weise wär es,
sich den Feind zum Freund zu machen.
05 Such dir eine Frau, denn bleibst du allein,
wirst du zum Müßiggänger. Heirate sie,
dann wirst du bald schon Vater sein.
06 Nichts als die Wahrheit werde ich dir sagen:
Du wirst, wenn du noch weiter an ihr hängst,
einen reichen Kranz von Hörnern tragen.
07 An Ertrag wird es fürwahr nicht fehlen.
Ehrlose Arbeiter werden dann
ein Viertel deiner Ernte stehlen.
08 Weder gläubig ist er noch gewissenhaft,
dein Feldarbeiter. Darum denk daran,
dass diese Saat dir wenig Frucht verschafft.
09 Mach diese Reise, ich sage nicht nein.
Doch Vorsicht: Lass dich auf gar keinen Fall
mit den Wirten im Gasthaus aufs Spielen ein.
10 Deine Untergebenen sind treulose Narren,
drum wirst du unterliegen. Sei gewiss,
auf den Sieg wirst du vergeblich harren.
11 Das Glück ist dir nicht hold in deinen Jugendjahren.
Doch dann, nach deines Daseins Mitte,
wirst du ob deines Lebenswandels Ruhm erfahren.
12 Der Beelzebub holt dich sogleich
auf eifriges Betreiben einer Nonne
und nimmt dich mit in seiner Flammen Reich.
13 Fortunas Rad dreht sich nach hier und dort.
Und wenn du glaubst, den Kürzeren zu ziehen,
dann gehst du kraft des Geldes als Gewinner fort.
14 Gewinn bringt dir der Krieg, den es hier gab.
Du wirst so viel verdienen, dass das Beiwerk
mehr einbringt als der Feldertrag.
15 Gut ist dein Mann, ehrlich und schön.
Und wäre er ein Schlosser, dann würde er
mit seinem Hammer kräftig hämmern geh'n.
16 Warte nicht, brich auf und reise über Land.
Sehr bald wirst du dann sehen, dass nun dort,
wo bisher Frieden herrschte, Krieg entstand.
17 Gott lässt dich für deine Fehler büßen.
Geh hin, ein fieser Nichtsnutz wirst du bleiben.
Die Wirkung folgt den Taten auf den Füßen.
18 In dieser Sache kannst du auch verlieren,
wenn du sie allzu ernst und wichtig nimmst.
Wer Ohren hat, der wird den Sinn kapieren.
19 Geringe Ernte wird dein Landgut bringen,
weil deine Knechte faule Säcke sind,
die Pflug und Hacke lustlos schwingen.
20 Das Armenhaus ist deine Endstation.
Wenn du dir nämlich keine Mühe gibst,
rinnt dir das ganzes Kapital davon.
21 Um Schaden, Spott und Schande zu vermeiden,
vermähle dich und werde nicht zur Frömmlerin.
So wie du jetzt lebst, würdest du nur leiden.
22 Sei nicht zu schnell mit deinem Racheplan.
Zur rechten Zeit wird seine Tat bereuen
der Schuft, der dir die Schmähung angetan.
23 Du weißt, dass sie dich liebt seit vielen Jahren.
Das hat sie dir genug bewiesen. Wenn sie geht,
dann nur deshalb, um sich ihre Ehr' zu wahren.
24 Ehrlich ist sie, tugendhaft und weise.
Doch du behandelst sie wie einen Dreck.
Darum verdienst du sie in keiner Weise.
25 Sechzig Jahre wirst du überschreiten.
Mit großer Mühe werden bald danach
deine Verdienste dich ins Paradies geleiten.
26 Sie liebt dich mehr, als du sie liebst, mein Junge.
Doch leider wird das nicht mehr lange dauern,
weil sich das Maul zerreißt manch böse Zunge.
27 Gelder und Besitz wirst du in Fülle haben.
Allein, ich muss dir leider prophezeien:
Nur kurze Zeit kannst du dich daran laben.

28 Genieße das Leben, erfreue dich der Zeit.
Bald wirst du von der Erde scheiden und danach
in Frieden ruhen bis in Ewigkeit.

29 Dem Glück begegnest du auf deiner Reise.
Drum mach dich auf, verliere keine Zeit.
Denn abzuwarten wäre nicht sehr weise.

30 Die Kränkung wird man sühnen, keine Frage.
Das wird für beide Seiten schmerzhaft sein.
Leg doch nicht jedes Wörtchen auf die Waage.

31 Mach die Reise, zähl auf meinen Segen.
Am Anfang hast du zwar ein paar Probleme,
doch dann wird's nur mehr schöne Tage geben.

32 Du solltest besser keine Rache suchen.
Das könnte sich als Bumerang erweisen.
Dein Feind kann Gott als Freund verbuchen.

33 Die Frauen möchten dich mit Schimpf und Schanden
nach deinem Tod ins Reich des Teufels schicken.
Doch Isaak ist damit nicht einverstanden.

34 Er ist und bleibt ein tadelloser Mann.
Das wird sich auch nicht ändern und im Lauf der Zeit
wächst seine Ehrenhaftigkeit noch weiter an.

35 Nimm den Mann, den du ersehnst hienieden.
Ohne Kinder wirst du enden. Und danach
mögest du ruhen in ewigem Frieden.

36 Deine Not wird enden, so viel kann ich sehen.
Eine fromme Seele, die zum Schöpfer betet,
wird den rechten Lohn für dich erflehen.

37 Weder eine andre gute Tat noch diese hier
wird der vollbringen, der das sollte.
So bleibt denn alles wie es war allhier.

38 Tief in das Herz wird der Frevler getroffen.
Er wird seine Strafe erhalten. Wer Unrecht tut,
darf nie und nimmer auf Rückenwind hoffen.

39 Nach des Krieges Wirren und Leiden
wird Beharrlichkeit dir zum Sieg verhelfen,
bevor man noch das Heu wird schneiden.

40 Den ersten Kampf wirst du gewinnen. Einen zweiten
gibt' bald darauf; da wirst du unterliegen.
Dann merkst du, dass man nur verliert beim Streiten.

41 Du machst dich durchweg unbeliebt bei jedermann
und scheinst dir dessen nicht bewusst zu sein.
Wer so etwas nicht merkt, der ist ein roher Mann.

42 Gut und ehrenhaft ist deiner Reise Sinnen.
Drum kannst du sie getrost in Angriff nehmen.
Sie wird zum Seelenheil dir durchaus dienen.

43 Dein Eifer und dein scharfer, wacher Geist
wird diesem Plan Erfolg bescheren.
Viel stärker als Fortuna ist Verstand zumeist.

44 Es ist nichts Neues, dass du gern gesehen bist.
Doch diese Liebe, die man heute für dich hegt,
ist eine, die dir wenig dienlich ist.

45 Lass die Reise bleiben, hör auf mich.
Frage nicht warum und glaube mir:
Diesen Weg zu gehen wär nicht gut für dich.

46 Dein Wunsch lässt sich noch nicht realisieren.
So will es Gott. Nach Tränen, Leid und Kummer
wird dir viel Gutes noch passieren.

47 Niemals würde ich zu dieser Reise raten.
Mach dich ja nicht auf den Weg. Du würdest nur
in eine schlimme Situation geraten.

48 Was du vorhast, wird nach Wunsch gelingen,
weil viele gut gesinnte Menschen
dir große Gunst entgegenbringen.

49 Dein Rachewunsch wird in Erfüllung gehen.
Ich rate dir jedoch, sei auf der Hut:
Das Ganze sollte nicht zu schnell geschehen.

50 Aus gutem Samen wächst dir reiche Frucht.
Du kannst dir vieles leisten, freue dich.
Für dieses Jahr bist du recht gut betucht.

51 Dein angenehmes Wesen sorgt dafür,
dass jedermann dich schätzt und liebt.
Mit Lob wirst du bedacht ganz nach Gebühr.

52 Die Dritte steht dir perfekt zu Gesicht.
Die Erste und Zweite lass fahren.
Sei klug und widersprich mir nicht.

53 Das Laster ist der Tugend Feind, gib acht.
Die ihm frönen, bringen dir nur Hass entgegen.
Doch deren Zungen haben keine Macht.

54 Du wirst viel verdienen, mehr noch als du denkst.
Der ganze Reichtum wird jedoch verschwinden,
weil du nicht aufpasst und ihn so verschenkst.

55 Nimm die Erste, die dir in die Arme fällt.
Sie ist nett und ehrenhaft und klug. Gib acht,
dass der Geiz dir nicht das Glück vergällt.

56 Dass dich die Leute mögen, ist sehr zweifelhaft.
Der Schwarm der Massen bist du wahrlich nicht.
Denn du bist keiner, der sich viel Freunde schafft.

PROPHET NOAH

01 Aus dem Ausland – und entfernt verwandt mit dir –
kommt ein Mensch, der deinem Leben Glanz
verleiht.
Stolz und unabhängig wirst du sein allhier.

02 Du fragst mich, ob dein Schatz dich liebt.
Ich kann's dir sagen, doch es bleibt geheim,
weil guter Ruf und Ehre ihr am Herzen liegt.

03 Lass dich trauen und vergeude keine Zeit.
Die Chance kommt so schnell nicht wieder.
Wer schläft, muss nehmen, was noch übrig bleibt.

04 Eine Freundin nimmt dein Mann sich dieses Jahr.
Mit anderen vergnügt er sich und nicht mit dir.
Nicht sehr in Ehren hält er seine Frau fürwahr.

05 Der Himmel ist dir ohne Zweifel wohlgesinnt.
Mach dich bereit, den Bund der Ehe einzugehn.
Das Glück ist voll auf deiner Seite, liebes Kind.

06 Die Sterne wollen nicht, dass du verreist.
Die Sache würde schlecht für dich verlaufen.
Drum füge dich und zügle deinen Reisegeist.

07 Die Sache regeln wird Fortunas Hand
ganz nach dem Willen des Gekränkten.
Weh dem, der nicht auf dessen Seite stand.

08 Viel Liebe wird man dir entgegenbringen
ob deines Engagements für andre Menschen.
Du wirst erfolgreich sein in allen Dingen.

09 Nimm keinen Unbekannten dir zum Mann.
Ich warne dich, er wird dich spüren lassen,
was Eifersucht bedeuten kann.

10 Heirate noch in diesem Jahr.
Dann wird mit Hilfe der Verwandten
ein Herzenswunsch von dir wohl wahr.

11 Wer derart eifersüchtig ist, wie du es bist,
kann weder fröhlich noch zufrieden sein.
Weshalb für dich kein Trost in Aussicht ist.

12 Nicht lange währt dein Dasein hier auf Erden.
Noch jung, jedoch in Gottes Gnade wirst du scheiden
und in das Reich des Himmels aufgenommen werden.

13 Nicht eingeplant hat Gott einen Verräter.
Das wird zum Scheitern bringen, was du willst.
Schaden, Schimpf und Schande folgen später.

14 Hass und Missgunst schlagen dir entgegen.
Der üblen Lage wirst du nicht entrinnen,
weil viele ohne Grund die Schuld dir geben.

15 Weil ein andrer Fehler macht,
geht dir ohne eigne Schuld
viel dahin von deiner Macht.

16 Verfolg dein Ziel im Stillen, halte dich zurück.
Sie liebt dich treu und wartet nur darauf,
dir eines Tages kundzutun dein Glück.

17 Hab noch Geduld für dieses eine Jahr.
Denn würdest du dich dieses Jahr vermählen,
das wäre noch zu früh, fürwahr.

18 Was tut man denn nicht alles nur für Geld.
Vergeltung wird geübt, doch sie allein
schafft tausend Schmähungen nicht aus der Welt.

19 Jemand will dich absolut nicht glücklich sehen.
Und weil sich dessen Freunde Mühe geben,
wirst du den Sorgen sicher nicht entgehen.

20 Du bist beliebt und überall willkommen.
Freundlich und gerecht bist du, drum haben alle
dich gern in ihre Herzen aufgenommen.

21 Nicht ganz gelingen wird dein Unterfangen.
Um deinen Plan erfolgreich durchzuführen,
bist du zu zögerlich an ihn herangegangen.

22 Du hast so dummes Zeug von dir gegeben,
dass sie dich unerträglich findet und dich hasst.
Du bist ihr so willkommen wie der Frost den Reben.

23 Deine Liebste ist so tugendhaft und fein,
dass du sie dir beinahe nicht verdienst,
mit ihrer Sittlichkeit und ihrem edlen Sein.

24 Ehrbar war und ist sie nicht und wird sie niemals
sein.
Wer unter einem solchen Stern geboren,
wird sich nicht ändern bis in seinen Tod hinein.

25 Verdammte alte Weiber, zum Teufel soll'n sie gehn.
Sie werden dir dein Dasein nur vermiesen,
wenn Peter und Paul dir nicht zur Seite stehn.

26 Auf deine Frage gebe ich zurück:
Seine Tugenden liegen klar auf der Hand.
Er ist für dich und die Welt ein Glück.

27 Lieblos ist, wer stets nach Rache schreit.
Das ist nicht Gottes Wille und darum
kommst du mit diesem Vorsatz nicht sehr weit.

28 Heirate nicht, du bist ja noch kein alter Knabe.
Dieses Jahr wird einer sterben; seine Frau
wär für dich die ideale Herzensgabe.

29 Der Neid verdirbt so manchem dieses Jahr.
Und du hast reichlich Neid dir zugezogen.
Drum sind Erfolgserlebnisse wohl eher rar.

30 Der Frau, für die dein Herz in Flammen steht,
ist es im Grunde ziemlich einerlei,
ob gut, ob schlecht, wie immer es dir geht.

31 Verfolge entschlossen dein Herzensanliegen.
Die Mühe wird sich lohnen und am Ende
wirst du über deinen Gegner siegen.

32 Nimm das ganze Geld und steck es in das Ziel,
dann werden deine Wünsche sich erfüllen.
Befolge meinen Rat, der nur dein Bestes will.

33 Du hast niemand, der dich liebt auf dieser Welt.
Dein Unglück scheint mir just darin zu liegen,
dass dir ein dornenreiches Leben gut gefällt.

34 Bleib zu Hause und sieh ab von dieser Reise.
Ansonsten fürchte ich, dass du auf dieser Fahrt
ums Leben kommen wirst auf schlimme Weise.

35 Höre den Spruch: Bittet, so wird euch gegeben.
Im Haus des Teufels wirst du Einzug halten,
wenn du nicht grundlegend änderst dein Leben.

36 Rede nicht und führ die Sache zügig aus.
Wenn dir niemand Steine in den Weg legt,
geht sie prompt erfolgreich für dich aus.

37 Wie Wachs an der Flamme und Nebel im Wind
werden deine Ideen zerrinnen.
Weil sie nicht fundiert gewachsen sind.

38 Weil Friede herrscht und die Saison recht günstig geht,
kannst du in diesem Jahr mit reicher Ernte rechnen.
Noch besser wird das nächste, so geschrieben steht.

39 Liebe, Habe und Zufriedenheit
werden dir zuteil, wenn du dich trauen lässt.
Von Leid und Sorgen bist du dann befreit.

40 Dein betrügerischer Gutsverwalter
gibt sich dem Glücksspiel hin. So geht dein Geld
geradewegs den Bach hinab, mein Alter.

41 Was dir die Zukunft bringt, kannst du wohl denken.
Du brauchst dir keine Hoffnungen zu machen.
Ein dürrer Baum wird keine Blüten schenken.

42 Deine Frau ist tüchtig und von reinem Herzen.
Damit man sie auch wegen ihrer Schönheit schätzt,
erträgt sie ohne Klagen ihre Schmerzen.

43 Weil deine Erntehelfer faule Kerle sind,
wirst du gehörig Schaden nehmen.
Verlorne Zeit man leider nicht zurückgewinnt.

44 Sieh davon ab, dich jetzt schon fest zu binden.
Verzichte auf die Frau, denn sie ist keine Ware,
für die es einen Käufer gilt zu finden.

45 Die Ware, die du nun in Sicherheit gebracht,
wird dir beträchtlichen Gewinn verschaffen.
Vertrau sie aber niemand anders an, gib acht.

46 Diese Reise wird ganz zweifelsfrei
zum Glücksfall für dich werden. Drum brich auf
und warte nicht bis nächsten April oder Mai.

47 Böse Zungen werden dein Geschäft vermiesen.
Drum gibt es dieses Jahr nur wenig Hoffnung,
Gewinn zu machen und Erfolge zu genießen.

48 Mustergültig neigt dein Dasein sich zu Ende.
Du hast gesund gelebt. Und nun hab keine Angst,
zu fallen in des Höllenfürsten Hände.

49 Es glückt nur eins von tausend Dingen,
die man geplant. Was du im Kopf hast,
wird nicht nach deinem Wunsch gelingen.

50 Ist Rache bis heute noch nicht geschehen,
dann wird sie so lange nicht erfolgen,
bis Sonne, Mars und Jupiter zusammenstehen.

51 Reich wird die Ernte, ich will's nicht verhehlen.
Doch einen Teil von dem, was du gespart,
werden dir boshafte Arbeiter stehlen.

52 Ein warmes Bett kann wahrlich Freude machen.
Such dir einen Mann und sei darauf bedacht,
dir einen jungen Burschen anzulachen.

53 Ganz unverhofft wird sich der Wunsch erfüllen,
den du seit Langem hegst. Mit Einsicht und Vernunft
wirst du am Schluss Befriedigung erzielen.

54 Dem Übel wirst du bald entrinnen.
Der Kummer endet und danach
wird großes Glück für dich beginnen.

55 Die Mitgift, die du bringst, ist sehr bescheiden.
Du wirst nur einen lahmen Mann bekommen
und holst bei anderen dir deine Freuden.

56 Hagel, Wind und Schauer werden kommen.
Das fügt der Ernte großen Schaden zu.
Drum gib nur aus, was du auch eingenommen.

PROPHET NABUK

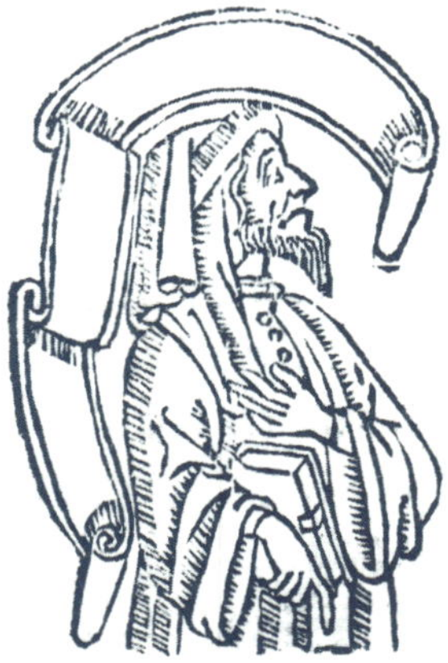

01 Gute Reise! Frohen Mutes kannst du starten.
Trotz Sturzgefahr und vielen Regens
sollst du aus Angst davor nicht länger warten.
02 Nicht sehr glücklich wirst du sein in deinen Tagen
wegen eines Sohnes, von dem du gar nichts weißt.
Du verstehst sehr gut. Mehr brauch ich nicht zu
sagen.
03 Du bist ohne Makel und auch sehr beliebt.
Ganz besonders mögen dich die Frauen,
für deren Liebe es schier keine Grenzen gibt.
04 Du weißt nicht, ob du heiraten sollst oder nicht.
Tust du's, dann kann ich dir jedenfalls sagen:
Viel Kummer und Sorgen die Ehe verspricht.
05 Wenig Schnee, reichlich Nebel und auch Regen
werden deiner Ernte schaden. Dieses Jahr
wird weit weniger, als du erhofft, ergeben.
06 Es scheint, dass du dir selbst ein Ekel bist.
Wie soll dich denn da jemand anders lieben,
wenn deine Seele voller Grimm und Ärger ist?
07 Obwohl, ganz ehrlich, viele jetzt versuchen,
den Plan aus deiner Hand zu hintertreiben,
wirst du die Sache als Erfolg verbuchen.
08 Du zauderst viel zu lang, mein liebes Kind.
Ein Leben ohne Partner macht doch wenig Spaß.
Drum nimm dir diesen da, und zwar geschwind.
09 Schließ den Bund fürs Leben. Mach dir nichts
daraus,
wenn die Mitgift mager ist. Nicht das Geld,
die Tugend macht den Wert der Frauen aus.
10 Wenn du diese Reise machst, dann merke dir:
Ein Fluss wird deine letzte Ruhestätte sein.
Darum mein Rat: Bleib vorsichtshalber lieber hier.
11 Falsche Freunde werden deine Freude dämpfen
und dein Dasein glücklos machen,
weil sie alles, was du tust, bekämpfen.
12 Sie ist in allen Dingen sehr geschickt und nett.
Ich kann nur Gutes von ihr sagen.
Am talentiertesten ist sie, hör zu, im Bett.
13 Einen Fehler nur hat diese Braut:
Es ist ihr melancholischer Charakter.
Ihr Körper aber ist virtuos gebaut.
14 Wenn du diese Reise machst in gutem Glauben,
dann kann ich dir verlässlich prophezeien:
Man wird dich überfallen und berauben.
15 Tu Gutes wie bisher, bedauere es nicht.
Alt und reich, zufrieden und mit reiner Seele
wirst du scheiden von der Erde Angesicht.
16 Dein Unglück rührt nur davon her,
dass viele dir aus Missgunst übelwollen.
Drum halt die Augen offen, bitte sehr.
17 Zügle deine Zunge, lass das Fluchen sein.
Dann wirst du selig sterben. Nur dieser Makel
könnte dich stürzen in ewige Pein.
18 Ein hoher Prälat aus römischen Kreisen
wird dein Schicksal zum Guten wenden
und eine schreckliche Last von dir weisen.
19 Es läuft nicht immer alles wie geplant, mein Sohn.
Hab Geduld, versteif dich nicht auf dieses Ziel.
Es ist und bleibt nur eine Illusion.
20 Wenn man glaubt, das hat noch Zeit,
ist die Sache plötzlich nah.
Die Rache ist jetzt nicht mehr weit.
21 Du wirst Gewinn erzielen ohne Gaunereien.
Dafür musst du jedoch gehörig rackern,
mit Mühe, Schweiß und manchen Scherereien.
22 Sie vertraut dir nicht, ich sag's ganz offen.
Dein Werben ist umsonst, darum mein Rat:
Such ein neues Ziel dir für dein Liebeshoffen.
23 Etwas faul und langsam ist dein Weib im Leben.
So ist sie eben von Natur.
Sie selbst kann diese Schwäche nicht beheben.
24 Dieser Streit wird ziemlich lange währen
und mit der Zeit sehr heftig werden. Am Schluss
wird Gottes Wille dir den Sieg bescheren.
25 Sie passt zu dir wie sonst zu keinem Mann.
Lern sie kennen und verhalte dich stets so,
dass sie Vertrauen zu dir haben kann.
26 Zu hoch hinaus willst du mit deinem Plan.
Der Schritt, den du im Sinn hast, ist zu groß.
Vergiss das Ganze und fang etwas Neues an.

27 Ein enger Blutsverwandter, kann ich hören,
wird dein Leben froh und glücklich machen
und dein Vermögen und Vergnügen mehren.

28 Tilg diesen Wunsch aus deinem Herzen.
Ein solches Unternehmen ist nicht zu gewinnen.
Es brächte dir nur Schimpf und Schmerzen.

29 Von Klöstern, liebe Frau, da halt ihn fern.
Die Schwestern locken ihn und wenn er könnte,
dann würde er dich hintergehen, liebend gern.

30 Wenn sie dich sieht, beginnt sie zu fluchen.
Was sagt dir das? Sie mag dich nicht!
Hör endlich auf, nach ihr zu suchen.

31 Wird der Kopf geschlagen, schmerzen alle Glieder.
Das sind die Folgen dieses Unternehmens.
Böser Samen schenkt dir gute Früchte wieder.

32 Viel besser als ein Freund ist ein Gemahl.
Wenn du klug bist, zögerst du nicht lange
und heiratest ihn auf jeden Fall.

33 Du wirst viel verdienen, mit Umsicht und Glück.
Dann werden große Spesen kommen.
Bau dafür vor und leg genügend Geld zurück.

34 Gedulde dich ein wenig, sei gewiss, mein Sohn:
Die Ware wird zur rechten Zeit verkauft.
Deinem Werk gemäß bekommst du Gottes Lohn.

35 Dein Geld kommt auf mehreren Wegen herein.
Am Ende wird es für einen Menschen,
an den du nicht denkst, von Nutzen sein.

36 Deinen Angestellten ist es zuzuschreiben,
dass du dieses Jahr nicht viel verdienst.
Du solltest die Halunken schnell vertreiben.

37 Nicht des Geldes oder des Besitzes wegen
nimm dir eine Frau. Das Eheglück
besteht vielmehr im reichen Kindersegen.

38 Warum du nichts verdienst, musst du kapieren:
Wer alles will, verliert mitunter alles.
Dies und nichts anderes wird dir passieren.

39 Verfolge deinen Weg gerade bis zum Ziel,
dann wirst du viel verdienen. Lüge und Betrug
lass bei deinem Tun stets aus dem Spiel.

40 Du solltest derzeit nicht auf Rache sinnen.
Mit dem Wollen geht das Können nicht einher.
Nur wenn beides passt, kann man gewinnen.

41 Dies ist dein Jahr. Um gut und ruhig zu leben,
nimm dir einen Mann. Als unvermählte Frau
wird's nur Frust und Unrast für dich geben.

42 Nachdem du mit Geduld die Pein auf dich genommen,
wird das Elend nun ein Ende haben.
Das Leiden wird dem Seelenheil zugute kommen.

43 Ganz ohne Mühe und Gefahr
erfährt die schwere Kränkung Sühne.
Was ich sage, ist wohl wahr.

44 Dieser Rat sei dir beschieden:
Heirate noch nicht, mein Kind.
Ich sehe für dich weder Liebe noch Frieden.

45 Dein Übel wird so bald nicht enden,
wenn du so wenig gottesfürchtig bist.
Das kann die beste Medizin nicht wenden.

46 Diese Reise führt dich an dein Lebensende,
sofern du sie in Angriff nimmst. Besser ist's,
du lässt zunächst davon die Hände.

47 Weder Leid noch Freude ewig währt.
Der Kummer und die Sorgen werden enden.
Gib acht, dass so was dir nicht nochmals widerfährt.

48 Das freundliche Wesen, das dir gegeben,
wird dir in diesem Fall zum Sieg verhelfen.
Diese Tugend ist ein großes Plus im Leben.

49 Zum Wohlgefallen beider Seiten
wird der Plan gelingen. Auch der Himmel
ist gewillt, dir Freude zu bereiten.

50 Die Rache könnte sich auch als Erfolg erweisen.
Doch ganz bestimmt nicht gegen Gottes Willen.
Nichts Gutes kann ich dem, der solches sinnt, verheißen.

51 Weil du einen schweren Makel hast,
wirst du von niemand geliebt. Ändere dich,
dann bist du bei allen ein gern gesehener Gast.

52 Dein Plan ist zwar ein bisschen diffizil.
Schlussendlich wird er dir jedoch gelingen,
zumal ein wichtiger Prälat dich unterstützen will.

53 Heirate nicht. Die Frau ist nichts für dein Gemüt.
Und lässt du keine Vorsicht walten,
dann hast du dich im Handumdreh'n verbrüht.

54 Diese Sache endet nimmer.
Und wer sogar auf Rache sinnt,
der macht die Kränkung nur noch schlimmer.

55 Du liebst es, ehrenwerte Menschen zu brüskieren.
Aus diesem Grunde bist du nicht beliebt.
Das wirst du allemal noch schmerzlich spüren.

56 Günstig ist in diesem Jahr der Witterungsverlauf.
Drum wird dein Gut dir reiche Ernte bringen.
Die wiegt dann großen Schaden wieder auf.

PROPHET NEKTALIM

01 Der Hof von Rom ist dir fürwahr nicht zugeneigt.
Das wird dir schaden und kein Glück dir bringen,
weil niemand dort ein Ohr für deine Sache zeigt.

02 Nummer eins und zwei vergiss, die dir begegnen.
Die Dritte aber nimm. Der Himmel wird durch sie
mit Wohlstand und mit Glück dich segnen.

03 Aus den Augen sollst du deinen Plan verlieren.
Denk an etwas anderes und glaube mir:
Was du anpeilst, lässt sich nicht realisieren.

04 Warte nicht, bald werden schlechte Zeiten kommen.
Geh unbesorgt, es wird dir nichts passieren.
Zu langes Zaudern wird dir wenig frommen.

05 Alle Leute lieben dich von ganzem Herzen.
Nur eine alte Neiderin kann dich nicht leiden.
Deren Missgunst kannst du gut verschmerzen.

06 Dir allein ist er in Liebe zugetan.
Nach nichts anderem steht ihm der Sinn.
Setz ihm keine Hörner auf, dem guten Mann.

07 Es könnte sein, dass du von deiner Ware
alles oder einen Teil verlierst.
Reichen Erntesegen gibt's nicht alle Jahre.

08 Vermähl dich nicht, mein Freund, halt ein.
Du vergnügst dich doch mit eines andern Frau.
Warte und genieß es, wie ein Vogel frei zu sein.

09 Nur einen gibt's, der etwas gegen dich hat.
Die andern mögen dich und sind bereit,
bei Not dir beizustehn in Wort und Tat.

10 Lass dich tunlichst nicht bei der Geliebten blicken.
Das brächte ihr nur Ärger und Verdruss.
Am liebsten würde sie dich in ein Kloster schicken.

11 Du wirst mit allem glücklich und zufrieden sein.
Nur eine Frau wird gegen dich zu Felde ziehn,
mit offenem Visier, doch auch geheim.

12 Dein Mann ist ehrenhaft, ein wahrer Engel.
Das ist die Wahrheit, und ich sage dir:
Im Bett ist er ein Champion, dieser Bengel.

13 Viel Leid und Kummer blühen dir auf Erden.
Und stirbst du nicht, dann wird es nur noch schlimmer.
Schwer und mühsam werden deine Jahre werden.

14 Schau nicht auf die Mitgift und sei schlau:
Nimm die erste, die Fortuna dir serviert.
Sie wird dir ganz gewiss zu einer guten Frau.

15 Der nicht enden wollende heftige Regen
bringt nicht nur dich in finanzielle Schwierigkeiten.
Für die ganze Landwirtschaft ist er kein Segen.

16 Bei diesem Deal ist nichts für dich zu holen.
Die Armut wird dich hemmen und behindern.
Ein andermal kannst du dich dann erholen.

17 Fürs Trinken reicht die Ernte bei Weitem.
Fürs Essen sieht's jedoch nicht günstig aus.
Sorg vor, sonst kommst du in Schwierigkeiten.

18 Du lebst lange und in deinen alten Tagen
wirst du dich verlieben. Und so wird Cupido
neuen Liebreiz in dein Herz dir tragen.

19 Mit Geld wirst du die Krise überstehen.
Denn diese Medizin bringt, wie du weißt,
ein jedes Übel zum Vergehen.

20 Sie liebt dich nur ein wenig. Doch in kurzer Frist
ist's völlig aus damit. Denn wahre Liebe
gedeiht nur, wenn man ehrlich ist.

21 Sie ist störrisch, schimpft auch gern nach allen Noten.
Bisweilen tut sie nicht, was man von ihr verlangt.
Für Frau und Saumtier ist der Stock geboten.

22 Mit großer Demut geh die Sache an.
Ansonsten trübt der Zorn die Tat.
Reue wenig oder nichts bewirken kann.

23 Nur wenig rühmlich ist für dich das Spiel.
Schlussendlich aber musst du von ihr lassen,
weil sie nicht an deinem Haken hängen will.

24 Weil Fortuna sich gewogen zeigt,
ist es logisch, dass am Ende
dein Gegner sich vor dir verneigt.

25 Geh deinen Weg auf deine Art zu Ende.
Nach einem frommen und erfüllten Leben
sinkst du sanft in deines Schöpfers Hände.

26 Zuerst hat dich dein Mann betrogen.
Das tut er nun nicht mehr. Jetzt ist er treu
und dafür kann man ihn nur loben.

27 Vertrau auf Gott. Weil du viel Gutes hast getan,
dauern deine Sorgen und dein Elend
nicht mehr allzu lange an.

28 Es liebt dich jede Frau und jeder Mann.
Nur ein Verwandter ist dir feindschaftlich gesinnt.
Zu Unrecht – keinen Zweifel gibt's daran.

29 Erst der Tod wird deiner Sorgen dich entheben.
Es gibt sonst keinen Weg aus dem Schlamassel.
Lieber sterben als in der Misere weiterleben.

30 Beträchtlich war das Leiden und die Pein,
die du erduldet hast. Doch nach dem Wandel
wird dein Glanz dann umso größer sein.

31 Eines kann ich garantieren, lieber Freund:
Wer dich mit lachendem Gesicht beleidigt,
zu Recht am Ende bittre Tränen weint.

32 Das eine Mal ist dir der Sieg gewiss.
Beim nächsten Mal wirst du verlieren.
Da kennt Fortuna keinen Kompromiss.

33 Sie ist keine gute Frau, ganz ungelogen.
Sie ist so wie sie ist. Ich denke nicht, mein Freund,
dass du mit ihr den Joker hast gezogen.

34 Nimm dir einen Mann. Wenn Schnee vom Himmel fällt,
dann hast du jemand, der im warmen Bett
dich fest in seinen Armen hält.

35 Fortuna wird dein Leid beenden
und deine schlimme Situation
zu einem froheren Dasein wenden.

36 Ein Freund Fortunas bist du nicht.
Sie wird dir keinen Frieden bringen
und zeigt dir nur ihr finsteres Gesicht.

37 Wunschgemäß verläuft dein Unterfangen.
Wer einen Plan geschickt und konsequent verfolgt,
wird immer mit Erfolg ans Ziel gelangen.

38 Alle lieben dich und sind dir zugetan,
weil du so freundlich und gefällig bist.
Geh weiterhin auf diesem Weg voran.

39 Mein Freund, lass dich auf diese Reise ein.
Nach einem kleineren Problem am Anfang
wird sie für dich von großem Nutzen sein.

40 Was du im Sinn hast, wird dir nicht glücken.
Jemand legt dir Steine in den Weg.
Er wird dein Vorhaben im Keim ersticken.

41 Niemand liebt dich hier, du bist ein Unglücksrabe.
Ich sage dir, du tätest gut daran,
woandershin zu gehn, mein lieber Knabe.

42 Du solltest, was du vorhast, revidieren.
Sieh dich vor und überlege, was du tust.
Sonst könnte etwas Schlimmes dir passieren.

43 Diese Reise bringt dir eigentlich nur Glück.
Nichts Schlimmes wird dir unterwegs passieren.
Zufrieden und bereichert kehrst du dann zurück.

44 Deine Sorgen werden enden, hab Geduld.
Eine süße Gabe hält der Himmel dir bereit.
Auf keinen Fall zu spät kommt Gottes Huld.

45 Dein Zorn auf ihn wird immer größer, in der Tat.
Keine Ruhe wird er finden, bis er unterliegt.
Doch das geschieht zuletzt nur durch Verrat.

46 Hör, was ich dir sage, nimm's jedoch gelassen:
Nach frischem Fleisch verlangt sein Gaumen.
Anderer Gelüste wegen will er dich verlassen.

47 Mehr als genug Profit wirst du gewinnen.
Weil du jedoch zu wenig achtsam bist,
wird dir das ganze schöne Plus zerrinnen.

48 Was du vorhast zu realisieren,
wird erfolgreich und erfreulich enden.
Und es wird schon bald passieren.

49 Nimmst du sie dieses Jahr zur Frau, pass auf,
dann wirst du der Gehörnte sein. Bleib cool.
Erfreulichere Perspektiven tun sich auf.

50 Wenig Brot und reichlich Wein wird's geben.
Dieses Jahr wird nicht recht üppig werden.
Stell dich ein auf ein bescheideneres Leben.

51 Weil nur magerer Gewinn in Aussicht steht,
bleiben deine Taschen ziemlich leer.
Sparen heißt es, bis es wieder besser geht.

52 Gib das Singledasein auf. Einsam, leer und kalt
ist es im Winter allein im Bett.
Wer zu lange wartet, ist schon bald zu alt.

53 Mit braven Mitarbeitern bist du dieses Jahr
zur Sommerzeit beileibe nicht gesegnet.
Einer schlimmer als der andere, fürwahr.

54 Dieser Plan zieht dich total in seinen Bann.
Doch jemand, der dir neidisch ist, tut alles,
damit er dir letztendlich nicht gelingen kann.

55 Eines andern Neid steht deinem Plan entgegen.
Doch der Himmel hat auf jeden Fall beschlossen,
dass er zu guter Letzt bekommt den Segen.

56 Jemand hofft auf deinen Tod. Vergebens.
Du wirst so alt, dass du dir selbst herbeisehnst
das Ende deines langen Lebens.

☞ Macchiato und Prosecco liebt sie sehr,
auch Kleider, Schmuck und Vierradantrieb.
Pass auf, sonst hast du bald kein Kleingeld mehr!

☞ Weil Spirito hier fehlte, bietet Menapace, sein Übersetzer, einen passenden Ersatz

PROPHET BILEAM

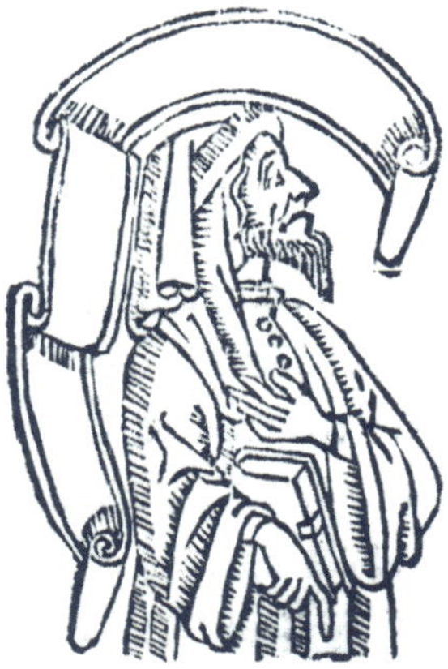

01 Eines verhassten Tyrannen Ende
wird dich glücklich und zufrieden machen.
So nimmt dein Leben eine frohe Wende.
02 Schnapp ihn dir, dann winken Glück und Freuden.
Weil es dir mit ihm so gut ergeht,
wird man dich um diesen Fang beneiden.
03 Fremdes Unvermögen wird bedingen,
dass du es nur mit großer Mühe schaffst,
dein Kapital in Sicherheit zu bringen.
04 Deine Braut, sie liebt dich in der Tat.
Sie kann es dir jedoch nicht offen zeigen,
weil sie rundherum Bewacher hat.
05 Ob du dich rächen sollst, das fragst du mich?
Ich sage Nein. Denn würdest du das tun,
dann käme neuer Kummer über dich.
06 Wenn du mich fragst, dann sage ich dir offen:
Nur einen Fehltritt hat dein Weib begangen,
als sie mit einem eitlen Geck sich hat getroffen.
07 Deine Sorgen werden bald vergehen.
In nicht allzu ferner Zeit
wirst du rosige Zeiten sehen.
08 Auf dieser Reise, das kannst du mir glauben,
werden sich einige Halunken finden,
die auf dich lauern, um dich zu berauben.
09 Reich ist die Ernte, nur kurz der Genuss.
Ohne zu wissen, durch wen,
ist sie plötzlich futsch – ein herber Verdruss.
10 Einen Fehler hat dein Mann, das ist nicht nett:
Zum Schäferstündchen geht er außer Haus,
zum Schlafen legt er sich dann in dein Bett.
11 Auf deine Frage kann ich diese Antwort geben:
Weil dich Zorn und Hochmut überkommen,
wirst du wenig glücklich sein im Leben.
12 Erwischen wird man dich mit eines andern Frau.
Man wird dich töten, ohne dass du beichten kannst.
Nimm meine Warnung ernst, mein Freund, sei schlau.
13 In diesem Streit wirst du de facto siegen.
Doch mehr als dir nützt dies nur einem anderen.
Das ist gewiss, ich will dich nicht belügen.
14 Diese Fehde wird dein Feind gewinnen.
Wenig aussichtsreich ist es für dich,
in dieser Sache auf Erfolg zu sinnen.
15 Deine Frau ist nett und wohlgeraten.
Das kann man sehen und das ist gewiss.
Hab sie lieb und sei ihr treu, kann ich nur raten.
16 Böse Zungen haben eifrig sich beflissen
und aus Missgunst Lügen in die Welt gesetzt.
Deine Braut will deshalb nichts mehr von dir wissen.
17 Sei guter Dinge und genieß das Leben.
Bis zu deiner letzten Reise
wird es noch viel Sonnentage geben.
18 Lass dich trauen. Du bekommst dann einen Sohn,
der es wegen seiner Tugend sehr weit bringen wird.
Folge meinem Rat, dann wird dir reicher Lohn.
19 Rache ohne Schaden lässt sich nicht vermeiden.
Beide werden dir auf deinem Weg begegnen.
Wer Vergeltung sucht, der muss zu Recht auch leiden.
20 Dieser Kummer wird nicht lange fortbestehen.
Dein Herz wird wieder ruhiger schlagen und du wirst
noch viele friedliche und frohe Tage sehen.
21 Wenn du schnell bist, wird der Plan
nach deinen Wünschen wohl gelingen.
Trödle nicht und geh die Sache zügig an.
22 Reich und alt wirst du dorthin gelangen,
wo alles endet. Dabei begleitet dich jedoch
die Last der Sünden, die du einst begangen.
23 Sie steht auf dich, das kann man deutlich sehen.
Das sollte sie nicht tun, denn du bemühst dich nicht,
ihr deine Sehnsucht offen zu gestehen.
24 Über deiner Gattin steht ein guter Stern.
Einen hübschen Spross wird sie dir schenken.
Die Zeit dafür ist nicht mehr fern.
25 Bei dieser Frau lass Demut walten.
Ich weiß, dass sie empfindlich ist.
„Wie du mir, so ich dir“ ist ihr Verhalten.
26 Sie mag dich nicht und will dich gar nicht sehen.
Was du zu tun hast, ist damit wohl klar.
Da nützen weder Wort noch Tat noch Flehen.
27 Lass den Glauben und die Hoffnung gehen.
Die ganze Sache wird nicht fair verlaufen.
Wer zum Tanz geladen ist, der muss sich drehen.

28 Zu viel Regen wird die Ernte ruinieren.
Dagegen ist kein Kraut gewachsen.
Der Schaden lässt sich nicht mehr reparieren.

29 Klug und wohlerzogen ist dein Mann.
Die Leute mögen ihn. Doch sei gewarnt:
Andern Frauen ist er zugetan.

30 Mach dieses Jahr die Reise nicht.
Kriege würden dich in Schwierigkeiten bringen.
Nur Unannehmlichkeiten sind in Sicht.

31 Wenn dich nicht Trägheit oder Angst beschleichen,
wird das, was du im Schilde führst,
zum Nutzen und zur Ehre dir gereichen.

32 Beliebt bist du bei Jung und Alt.
Besonders eine junge Frau,
die ist total in dich verknallt.

33 Besuche keinen unbekannten Ort.
Das wäre nichts für dich. Ich sage klar:
Wem's gut geht, wo er ist, der bleibe dort.

34 Du wirst nichts gewinnen, wenn ich ehrlich bin.
Schreibe deine Hoffnung in den Wind.
An Erfolg zu denken hat nur wenig Sinn.

35 Dieses Jahr wird der Ertrag bei Weitem reichen.
Genieße ihn so lange, wie er währt.
Danach musst du die Rechnungen begleichen.

36 Nimm die erste, die du findest. So mein Rat.
Sie ist auf jeden Fall das Beste,
was die Fügung im Moment zu bieten hat.

37 Selbst dem König der Franzosen wird dein Tod
im Gedächtnis bleiben. Unschön ist dein Ende,
weil du dich sehr spät bekehrst, in höchster Not.

38 In hohem Alter wirst du sterben und dein Ende
freut jemand, der dir übelwill. Schon bald danach
legt auch er sein Leben in des Schöpfers Hände.

39 Sie ist süßer noch als Honig auf der Lippe.
Sie mag dich. Doch ich warne dich:
In Kürze wird sie leider zur Xanthippe.

40 Nicht viel Gewinn ist diesmal zu erwarten.
Ein andermal wiegst du es wieder auf.
Zum Jackpot hast du keine guten Karten.

41 Wasser und Feuer werden sich verbünden.
Beide werden dieses Jahr der Ernte schaden.
Bessere Nachricht kann ich nicht verkünden.

42 Willst du dieses Jahr die Ehe schließen,
wird man dich zur Marionette machen.
Dieser Zustand wird dich immerfort verdrießen.

43 Mach dich auf Reise, doch gehe nicht allein.
Ohne angemessene Begleitung
könnte sie vielleicht dein Ende sein.

44 Nichts als Ärger wirst du haben, Schwesterherz,
wenn du dich dieses Jahr vermählst.
Kummer und Skandale, das ist durchaus kein Scherz.

45 Tugend und nicht Reichtum sollst du wählen,
wenn du dich verbindest. Nimm sie dir zur Frau.
Mehr als Schönheit soll dir deine Ehre zählen.

46 Ungemach und Kummer werden enden.
Ein glücklicheres Leben steht vor deiner Tür.
Gottes Gnade wird das Blatt zum Guten wenden.

47 Pass auf: Wenn du in dieser Situation,
dich nicht an einen andern Ort begibst,
dann gibt's für dich nur einen Hungerlohn.

48 Wie es derzeit aussieht, liebt dein Mann dich nicht.
Das wird in Zukunft besser werden:
Anerkennung und Vermögen sind in Sicht.

49 Die Sache ist inzwischen fast gegessen.
Du solltest nicht mehr weitermachen wie bisher.
Wer Pech hat, wird vom Schaden nicht vergessen.

50 Ein unechter Freund, ein verlogenes Herz,
gefällige Reden und schändliches Tun,
bescheren dir weiterhin Kummer und Schmerz.

51 Du bist so geizig und gestrenge,
dass niemand dich so richtig mag.
Das bringt dir keinen Zuspruch bei der Menge.

52 Rache soll es werden, und Rache findet statt.
Sie wird jedoch die Schmach nicht restlos tilgen.
So gibt's in diesem Spiel noch kein Schachmatt.

53 Wenn du Glück und Gut gefährdet siehst,
dann kämpfst du so beherzt für deine Sache,
dass du dich ehrenvoll aus der Bredouille ziehst.

54 Dieses Jahr kommt leider nichts herein.
Geduld und Stehvermögen sind vonnöten.
Sich durchzuschlagen wird nicht einfach sein.

55 Dein Gewinn, und davon machst du ziemlich viel,
fließt in ein anderes Projekt und nicht in deins.
So spielst du letztlich anderer Leute Spiel.

56 Am Ende wird dein Wunschtraum wahr.
Mit reichem Nutzen und viel Sympathien
vonseiten einer großen Menschenschar.

PROPHET TOBIAS

01 Deine Sache wird man heftig debattieren.
Du wirst jedoch gewinnen, zweifle nicht daran.
Wer Unrecht hat, der wird zumeist verlieren.

02 Beliebt und gern gesehen bist du weit und breit.
Das hast du dir jedoch auf keinen Fall verdient,
weil du kein Herz hast für des Nächsten Leid.

03 Nett und schwer in Ordnung ist dein Mann.
Wer übel von ihm spricht, ist nur ein Schuft,
der ihn aus Neid nicht leiden kann.

04 Gemein und böse ist dein Mann gewesen.
Nun ist er dir aufs Neue treu und sehr bemüht,
dir jeden Wunsch vom Auge abzulesen.

05 Was du dir in den Kopf gesetzt hast, glückt.
Du kannst zufrieden sein. Denn in der Tat,
dein Plan ist klug und keinesfalls verrückt.

06 Du wirst es noch zu großen Ehren bringen.
Gewinnen kann man nur mit zähem Willen.
Wer den Sieg will, muss nach Kräften ringen.

07 Umso mehr wirst du geliebt,
wenn du selbst mit Freude Liebe schenkst.
Diese Gnade dir der Himmel gibt.

08 Deinen Racheplan kannst du begraben.
Der dich beleidigt hat, hält seine Augen offen.
Er wird von dir nichts zu befürchten haben.

09 Wie du ihr, so sie dir, sag ich unumwunden.
Wer sich Unannehmlichkeiten sucht –
wohl bekomms ihm, wenn er sie gefunden.

10 Weil es dir zu gut geht, merkst du spät,
dass Fortuna sich geschlichen hat.
Von nun an dir der Wind entgegenweht.

11 Hab keine Angst, dich auf den Weg zu machen.
Doch hüte dich, des Nachts zu reisen.
Da passieren einem oftmals schlimme Sachen.

12 Hilfsbereit bist du und nett zu allen.
Deshalb mag dich jeder gern. Diese Gnade
ist dir von hier oben zugefallen.

13 Weil die Leute und das Glück dagegen sind,
wird und kann es gar nicht anders sein,
dass dein Vorschlag keine Resonanz gewinnt.

14 Obwohl du deine Frau traktierst,
nimmt sie's dir nicht übel. Denn sie will,
dass du endlich ihre Treue spürst.

15 Bis dato hat sie sich korrekt benommen.
Nun aber bringen sie Studenten in die Klemme.
So dass mir langsam Zweifel an ihr kommen.

16 Aus dem Vollen schöpfen, das ist nun passé.
Dieses Jahr wirst du nicht viel verdienen.
Sparen heißt das Motto für das Portemonnaie.

17 Weder sich noch dich kann sie gut leiden.
Kalt wie Eis lebt sie dahin.
Verehrer und Lakaien will sie meiden.

18 Auf Sittsamkeit und Demut ist sie wohl bedacht.
Jederzeit und gern bemüht sie sich um alles,
was du benötigst und dir Freude macht.

19 Den Sieg in diesem Kampf wirst du erringen.
Dadurch ist dir Erfolg und Ruhm gewiss.
Mit Kopf und Herz wirst du den Feind bezwingen.

20 Keinen Argwohn brauchst du gegen sie zu hegen.
So etwas würde deine Frau nicht tun.
Zweifle nicht an ihr, das bringt dir keinen Segen.

21 Wenn du nicht knauserst, dann wirst du siegen.
Bleibst du jedoch auf dem Geldbeutel sitzen,
wirst du pünktlich auf die Nase fliegen.

22 Du hast an deinem Mann viel mehr gewonnen
als er an dir. Wäre er ein bisschen klüger,
dann hätte er dich nicht zur Frau genommen.

23 Mach den Trip, es wird dir nichts passieren.
Fremde Händel werden dir nicht schaden.
Du musst ihn aber gut organisieren.

24 Anstifter, die jemand zur Rache verleiten,
gibt es mehr als genug. Die Sache wird jedoch
auch dem Vollstrecker noch Kummer bereiten.

25 Geh nur in Begleitung, reise nicht allein.
In der Gruppe bist du sicher.
Sonst wirst du Opfer von Betrügern sein.

26 Wie der Seiler, der sein Werk von hinten beginnt,
wirst du in diesem Jahr agieren.
Deine Hoffnung kümmerlich im Sand verrinnt.

27 Dein Profit ist eines anderen Verlust.
Du verstehst dich gut auf dein Geschäft.
Schön für dich, für den Konkurrenten Frust.

28 Um dein langes Leben bist du zu beneiden.
Im hohen Alter und befreit von Sünden
wirst du in Jesu Gnade von der Erde scheiden.
29 Dieses Jahr kannst du dir viel beiseitelegen.
Nicht nur dir, dem ganzen Land
beschert die Ernte reichen Segen.
30 Ihre Liebe wird mit jedem Tage mehr.
Ihre Gunst ist dir für lange Zeit gewiss.
Dein Herz geht aus dem ihren nimmermehr.
31 Ich kann es dir nicht weiterhin verschweigen:
Du wirst in Ehren sterben, doch danach
wirst du in Satans Reich hinuntersteigen.
32 Gottesfürchtig ist er und gesetzestreu.
Er liebt dich mehr noch als die eigene Person.
Glaube mir und lass die Spintisiererei.
33 Nimm dir eine Frau, doch gib gut acht:
Lass dich mit keiner Witwe ein. Denn sonst
bekommst du einen Kopfschmuck über Nacht.
34 Von den Dreien, die in Frage kommen,
wähl dir jene in den reifsten Jahren.
Mit ihr wirst du ein gutes Weib bekommen.
35 Kein Weg und keine Mittel sind in Sicht,
die dir aus der Krise helfen.
Schwarz in Weiß verwandeln kann man nicht.
36 Wenn Helios strahlenlos am blauen Himmel steht,
wenn schwarzer Schnee wie Stein zu Boden fällt,
erst dann der Wunsch nach Rache in Erfüllung geht.
37 Nimmst du dieses Jahr den Mann,
den der Himmel dir bestimmt, dann glaube mir:
Er ist das Beste, was dir nur passieren kann.
38 Ein Leben ohne Sorgen gibt es nimmer.
Es tischt uns süße wie auch bittere Speisen auf.
Doch dieser Zustand dauert nicht für immer.
39 Von deinem Wunsch wirst du nach reifem Überlegen
nur jenen Teil realisieren,
zu dem der Himmel dir gewährt den Segen.
40 Du solltest dich noch nicht mit ihm vermählen.
Diesem Schritt steht nämlich der Planet entgegen.
Schuldlos würde Eifersucht dich quälen.
41 Auf dieser Reise halt die Augen offen
und wäge gut, wem du dabei vertraust.
Sonst darfst du auf kein gutes Ende hoffen.
42 Es macht dir Spaß, wenn dich die Leute hassen.
Und dass man dich nicht liebt, scheint dir egal zu sein.
Dein Hobby ist es, Seitenhiebe zu verpassen.
43 Höre, gute Frau, was ich dir offen sage:
Nimm dir einen Mann. Ich weiß genau,
dass du einen brauchst, ganz ohne Frage.
44 Nicht dein Talent, doch eines anderen Verstand
wird den Kampf entscheiden. Jemand, der nicht
müsste,
geht dir hierbei wirkungsvoll zur Hand.
45 Sechs-Zwei-Eins sind deine Zahlen. Die bedeuten,
dass wenn du dich mit ihr vermählst,
wird sie dich ruhmlos in den Abgrund reiten.
46 Fünf-Vier-Eins hast du geworfen, und das heißt,
dass du dich aus dem Schlamassel,
in dem du sitzt, noch nicht befreist.
47 Fünf-Vier-Zwei. Die Zahlen sagen dir,
dass dein Plan gelingen wird.
Und die Zeit ist bald schon reif dafür.
48 So geh, mein Freund, den Bund fürs Leben ein.
Zufriedenheit wird dir die Ehe bringen.
Die Auserwählte sollte nicht zu alt schon sein.
49 In Kürze überzieht ein neuer Krieg das Land.
Er wird auch deine Felder nicht verschonen
und alles ruinieren, was in Blüte stand.
50 Zweimal wird man deinen Plan blockieren.
Doch dann wird er perfekt gelingen.
Dein Glück wird sich noch sehr intensivieren.
51 Das Ärgernis, das dir dein Herz bedrückt,
wird enden. Danach, so kann ich dir verraten,
wirst du vom Leben überreich beglückt.
52 Aus der Misere, in die du geraten bist,
kommst du zur Gänze erst dann heraus,
wenn mehr als ein Jährchen vergangen ist.
53 Ein Mensch, der dich nicht kennt, verehrt dich sehr.
Doch jemand, der aus Erfahrung weiß, wie du bist,
hasst dich wie die Pest, wenn nicht noch mehr.
54 Dieser Gewinn wird dir zum Schaden gereichen.
Und zwar so sehr, dass du ihn noch bereust.
Auf mein Wort. Das kann ich unterstreichen.
55 Dem Tröster tut der Kopf nicht weh.
Von dir kommt keine Wärme und kein Nutzen,
weil ich dich vollgestopft mit Worten seh.
56 Die Lebensmitte wirst du überschreiten.
Danach wird Gott dir einen sanften Tod
und einen Platz in seinem Reich bereiten.

PROPHET METHUSALEM

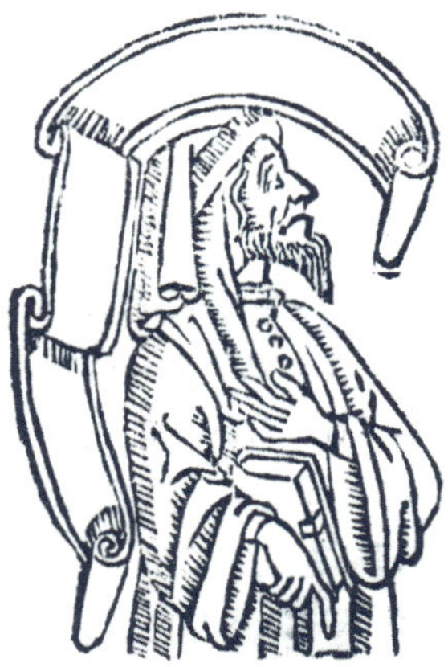

01 Wegen unerfreulicher Betrugsgeschichten
wirst du streiten und aus Stolz zum Mörder werden.
Deshalb wird man über dich noch richten.

02 Der Hagel und der Nebel tragen dazu bei,
das Dasein dir gehörig zu versalzen.
Mit guter Ernte ist es dieses Jahr vorbei.

03 Denk nicht mehr an sie, sie liebt dich nicht.
Sie liebt hingegen andere. Und warum?
Weil sie sich davon reichlich Geld verspricht.

04 Ich zweifle wirklich, ob sie treu und redlich ist.
Und zwar schon deshalb, weil sie glaubt,
dass du ihr heimlich untreu bist.

05 Dieses Geschäft bringt dir zweifachen Segen.
Dass du fair und ehrlich bist, kommt dir zugute.
Du solltest freilich auch genug beiseitelegen.

06 Ein Blitzschlag wird dich von der Erde holen.
Pass auf und lebe so, dass du zu jeder Zeit
aufs Jenseits vorbereitet bist. Gott sei's befohlen!

07 Er tut, als ob er redlich wäre, gutes Weib.
Das ist er nicht. Drum zahl's ihm heim und suche dir
mit andern Männern einen Zeitvertreib.

08 Dein Plan stand kurz vor dem Gelingen.
Doch fremdes Lästern hat ihn hintertrieben.
Er wird dir aber trotzdem Freude bringen.

09 Mach doch noch ein paar Tage Pause.
Erst dann, mein Freund, begib dich auf den Weg.
Mit viel Erfolg kehrst du zurück nach Hause.

10 Was du bis jetzt erreicht hast, freut dich sehr.
Das wird sich fortan steigern Tag für Tag,
wenn du weiterhin so treu bleibst wie bisher.

11 Mit einem großen Sieg für dich zum Schluss
wird diese Auseinandersetzung enden.
Und deinem Gegner bleibt nur der Verdruss.

12 Ein großer Gauner ist er, liebe Frau, gib acht.
Selbst tausend würden ihm pro Jahr nicht reichen.
Er ist ganz sicher nicht für dich gemacht.

13 Sieh davon ab, den Ehebund zu schließen.
Ich sage dir, was dann passieren würde:
Auf deinem Schädel würden Hörner sprießen.

14 Nimm die Schaufel, spuck in die Hand.
Nur mit Schweiß ist hier etwas zu holen.
Karg und unergiebig ist das Land.

15 Weil du knauserst und kleinlich bist,
wirst du viel verlieren. Lass dir sagen:
Es gibt kein Metier, wo Geiz ein Segen ist.

16 In eine andere verknallt hat sich dein Mann,
auch wenn sie dich an Schönheit nie erreicht.
Sieh nur, wie blind die Liebe machen kann.

17 Mit der Heirat endet nun zum Glück
der Kummer, der dir widerfahren ist.
Der Hass vergeht, die Liebe kehrt zurück.

18 Mit freundlichem und frohem Herzen liebt sie dich.
Sie ist bereit, dir alle Wünsche zu erfüllen.
Warum zeigst du ihr deine Liebe nicht?

19 In Liebe ist sie voller Glut entbrannt.
Diese Liebe gilt nur dir und keinem andern.
Und sie hat so lange, wie sie lebt, Bestand.

20 Nicht ungern würde deine Frau es sehen,
wenn sie zur Witwe würde. Um in Ruhe
einem eignen Vorsatz nachzugehen.

21 Dein Wurzelstock wird keinen Schaden leiden.
Zu diesem Fall und zu den Lüsten deiner Frau
sollst du von nun an mich zu fragen meiden.

22 Was du argwöhnst, das steht fest:
Sie betrügt dich. Glaube nicht,
dass sie diesen Weg verlässt.

23 Nicht die Erste. Mit der Zweiten lass dich ein.
Mit ihr wirst du dich immer gut verstehen.
Das sind keine Zeiten, ohne Frau zu sein.

24 Die Falle, die dir eines andern Neid gestellt,
bedeutet deinen Tod. Die Seele aber
wird gerettet durch den Heiland dieser Welt.

25 Sie zeigt es dir und hat's dir schon bewiesen:
Sie liebt dich und sie ist dir treu ergeben.
Wohl wahr, du konntest es bereits genießen.

26 Der Einfall wäre an und für sich gut,
wenn er sich verwirklichen ließe.
Ich muss dir leider sagen, dass er das nicht tut.

27 Nimm dir so bald wie möglich eine Frau.
Doch dann behüte sie in erster Linie
vor den Ordensbrüdern, ja genau.

28 Genau der Richtige für dich ist dieser Mann.
Allein zu sein macht dich nur bang, mein Mädchen.
Ich hoffe, meine Prophezeiung kommt gut an.

29 Der Himmel wird dein Bittgebet erhören.
Er wird das Leid in Freude wandeln,
bevor sich deine weißen Haare mehren.

30 Wer geduldig ist, dem wird die Rache frommen.
Wer es sich verdient, der wird zur rechten Zeit
in vollem Umfang Recht bekommen.

31 Auf allen Seiten ist man um den Sieg bemüht.
Wenn wieder Frieden herrscht, ist es vonnöten,
dass neue Harmonie und Freundschaft blüht.

32 Süßer noch als Honig ist dein Mann.
Sei dir sicher, liebe Frau,
dass er niemals dich betrügen kann.

33 Willst du jetzt schon in den Ehehafen fahren,
blüht dir reicher Mädchensegen. Warte noch,
dann kannst du dir ein solches Pech ersparen.

34 Mach die Reise und komm gut zurück.
Sie wird dir großen Nutzen bringen.
Ich wünsche dir dafür viel Glück.

35 Dieser Plan wird ganz gewiss gelingen,
wenn du flink und fleißig bist.
Mehr Nutzen als erwartet wird er bringen.

36 Beliebt bist du bei jedermann.
Besonders eine schöne Maid
ist dir in Liebe zugetan.

37 Seine Gnade wird dir Gott erweisen,
nachdem man dich zu Unrecht attackiert.
Du kannst dich wahrlich glücklich preisen.

38 Nach kleinen Schwierigkeiten zu Beginn
wird diese Reise großen Nutzen bringen.
Darum warte nicht und fahre hin.

39 Auch wenn dein Plan gedeiht und Blüten macht,
so wird er dennoch keine Früchte tragen.
An die Verräter hat der Herrgott nicht gedacht.

40 Wegen deiner üblen Lästerzunge
bist du allenthalben unbeliebt.
Kein schöner Zug von dir, mein Junge.

41 Du solltest vorerst nicht auf Reisen gehen,
wenn du nicht vor der Zeit verscheiden willst.
Mensch und Zeit, die würden dir entgegenstehen.

42 Obwohl der Plan noch nicht verwirklicht ist,
wird sich schon bald der Wunsch erfüllen,
um den du lange sehr bemüht gewesen bist.

43 Mancher ist dir neidisch, greift dich unfair an.
Scher dich nicht darum, das bringt dir keinen Schaden.
Tu weiter deine Pflicht, wie du bisher getan.

44 Liebe Frau, die Sechs, die Drei und Zwei,
die sagen dir ganz unumwunden,
dass dieser Mann der Rechte für dich sei.

45 Armselig und betagt wirst du verscheiden.
Einer schweren Sünde wegen kannst du dann
die Höllenfahrt nur knapp vermeiden.

46 Willst du dieses Jahr die Ehe schließen
und nicht ein weiteres noch warten,
wird's dich reuen, wurmen und verdrießen.

47 In dieser Phase wirst du viel verdienen.
Aus eigner Schuld wird dir nur wenig bleiben.
Was schnell hereinkommt, wird sehr rasch verrinnen.

48 Was du auch anfasst, wird zu Gold.
Glücklich wirst du sein in dieser Welt.
Im Jenseits ist die Himmelsschar dir hold.

49 Greif zu, mein Mädchen, schließ den Bund fürs Leben.
Wenn du nicht lang zögerst, wird's fürwahr
ein kühnes Liebesabenteuer für dich geben.

50 Was du vorhast, wird auf keinen Fall geschehen.
Nicht jeder Fehler bedarf der Sühne.
Vergeltung will der Himmel dir nicht zugestehen.

51 Der Himmel will dich diesmal siegen sehen.
Und weil du mich so sehr darum gebeten hast,
wirst du den Kampf zu deinen Gunsten drehen.

52 Mach weit auf dein schönes Portemonnaie.
Dieses Jahr kommt viel Gewinn herein.
Lob und Dank für seine Gnade sei Gott in der Höh.

53 Gehst du dieses Jahr die Ehe ein,
wird dir ein Dummerchen zuteil.
Darum lass es bitte lieber sein.

54 Wenn der Apfel reif und schön gewachsen ist,
will man nicht mehr länger warten, sondern ernten.
Nimm dir einen Mann, damit du glücklich bist.

55 Weil kein Freund dir treu ist, guter Mann,
ist dein Gewinn in diesem Jahr
so mager wie ein Hobelspan.

56 So reiche Ernte kommt nicht alle Tage.
Doch dann zu Hause wird das Zeug verderben.
Pass auf und höre, was ich sage.

PROPHET ADAM

01 Für dein in Gottes Augen gutes Leben
wird dich der Himmel reich beglücken
und dir im Dies- und Jenseits Tröstung geben.
02 Als Bumerang wird diese Rache sich erweisen.
Wer erst vernünftig und besonnen war,
muss schließlich in den sauren Apfel beißen.
03 Reiche Frucht wird dir dein Grundstück spenden.
Soldaten werden dir jedoch die Ernte stehlen.
Krieg wird kommen und so schnell nicht enden.
04 Wenn du stirbst, wird Folgendes passieren:
Ob einer einz'gen Sünde wider die Natur
wird Luzifer dich in sein Reich entführen.
05 In eine Falle hat man dich da laufen lassen.
Mit Mühe wirst du dich dank eines treuen Freundes
daraus befreien und dich wieder fassen.
06 Du wirst noch jung von dieser Erde scheiden,
noch lang bevor dein Haupt kein Haar mehr ziert.
Die ewige Verdammnis kannst du knapp vermeiden.
07 Gott weiß, wie glatt und fies sie ist.
Erst spät wirst du dem Kreuz entrinnen,
in das du da geraten bist.
08 Dem Besuch des Kaisers ist es zu verdanken,
dass du üppigen Gewinn erzielst.
An Geldnot wirst du künftig nie mehr kranken.
09 Die Schwindsucht und ein langes Leiden
bescheren dir ein dornenreiches Ende.
Das lässt sich auch durch Beten nicht vermeiden.
10 Einer deiner Herren geht ins Jenseits ein.
Darüber wirst du nie mehr richtig froh,
denn groß wird allezeit der Schaden sein.
11 Mit Beharrlichkeit wirst du den Sieg erringen.
Wer sich mit Ruhm und Lorbeer schmücken will,
muss Wollen und Können in Einklang bringen.
12 Wer liebt, der hofft, dass sein Gefühl erwidert wird.
Du aber hoffst vergeblich, denn sie hasst dich so,
als hättest du dich wie ihr Todfeind aufgeführt.
13 Besser wär's, als Nonne in Klausur zu gehen,
als dich zu vermählen. Nimmst du einen Mann,
dann wirst du nach dem Tod die Hölle sehen.
14 Die Rache gestillt, doch nicht getilgt die Schmach.
Die Fronten werden sich verhärten,
weil neue Glut den Zwist entfacht.
15 Wenn du glaubst, dass du am Boden liegst,
kommt von irgendwo ein starker Arm,
der dir auf die Beine hilft, damit du siegst.
16 Bald wirst du dem finsteren Verlies entrinnen.
Das kann ich dir versprechen. Und danach
wird eine freudigere Zeit für dich beginnen.
17 Sie steht auf einen andern, der stark und mutig ist.
Für dich kann sie sich nicht erwärmen, denn sie weiß,
dass du ein Hasenfuß und kein Gewinner bist.
18 Wenn du sie nicht an die Kandare nimmst, gib acht,
dann wird sie heimlich ihre eignen Träume spinnen.
Ich weiß, das hat sie zweimal schon gemacht.
19 Die Dame ist dir sehr in Liebe zugetan.
Doch leider kann sie sich noch nicht entschließen.
Sie glaubt, dass das noch etwas warten kann.
20 Treu und ohne Makel ist sie, lass dir sagen.
Ihr guter Ruf war niemals in Gefahr.
Hör auf, dich über deine Gattin zu beklagen.
21 Keusch und sittsam ist sie allemal,
doch arbeitsscheu und träge ist sie auch.
Und plagen will sie sich auf keinen Fall.
22 Lach dir keinen jungen Burschen an.
Er würde dich nur hintergehen.
Da wärst du ziemlich übel dran.
23 Ein schwaches Rinnsal nur ist der Gewinn.
Der Hauptertrag wird schmaler als das Zubrot sein.
Da haben schöne Worte wenig Sinn.
24 Sie liebt dich und sie ist sehr nett zu dir.
Ein stiller Wunsch, den du im Herzen hegst,
der findet aber leider kein Gehör bei ihr.
25 Du wirst beinahe als Verlierer enden.
Doch dann kommt dir von ferne eine Hand zu Hilfe,
die wird die Niederlage von dir wenden.
26 Würde sie dich lieben, dann wäre sie nicht weise.
Da sie aber weise ist, liebt sie dich eben nicht.
Nach deiner Nähe sehnt sie sich in keiner Weise.
27 Die Eifersucht erfüllte ihn mit Schmerzen.
Doch nun ist er davon genesen. Weil er sieht,
dass du ihn liebst von ganzem Herzen.

28 Nimm den Ersten, der dir zu Gesichte steht.
Doch führ ihn tunlichst eng, mein liebes Kind,
damit er nicht zu weit ins Abseits geht.

29 Du wirst von anderen geschätzt und bist beliebt.
Das bringt dir wenig oder keinerlei Gewinn.
Sieh zu, dass es dabei auch Nutzen für dich gibt.

30 Die Reise wird dir großen Nutzen bringen.
Sie wird dich aber stressen und belasten.
Ohne Mühe lässt sich kein Erfolg erringen.

31 Von tausend Zielen kommt nur eins zustande.
Tausend Hindernisse, tausend Widerstände
legt sie in deinen Weg, die Neiderbande.

32 Gut und edel hast du dich verhalten.
Das kommt dir sehr zugute. Ein gemeines Herz
wird vom Himmel nämlich keine Gunst erhalten.

33 Man weiß es und ich weiß es – wie auch immer:
Dein Mann hat gute und auch schlechte Seiten.
Hätt er einen Pferdefuß, das wäre schlimmer.

34 Unbeliebt bist du, doch Gott hat dich in Gnaden.
Schuld daran ist nur der Neid, mein Freund.
Mach dir nichts daraus, das bringt dir keinen Schaden.

35 Du brauchst dich vor der Ehe nicht zu scheuen.
Vermähl dich dieses Jahr, dann ist das Glück dir hold
und diesen Schritt wirst du nie mehr bereuen.

36 Fruchtbar ist das Jahr, da kommt viel Geld herein.
Geh frohen Mutes weiter deinen Weg.
Der Nutzen wird weit größer als der Schaden sein.

37 Hör zu, du kannst dich wahrlich glücklich preisen.
Befreit von vielen Leiden wirst du schließlich
aus diesem düstern Kerker in den Himmel reisen.

38 Günstig wie noch nie wird sich das Wetter zeigen.
Reicher Erntesegen ist dir so gewiss.
Was sonst noch kommt, darüber will ich schweigen.

39 Den Ehehafen solltest du jetzt anvisieren.
Doch such dir keine allzu junge Braut.
Da könntest du nur schwerlich reüssieren.

40 Ob du gut verdienen wirst, das fragst du mich?
Ich sage Nein. Denn wer betrügt, der ist ein Lump.
Was du andern antust, kehrt sich gegen dich.

41 Karg und miserabel fällt die Ernte aus.
Wenn dir nichts mehr bleibt, dann ist es besser,
du nimmst von diesem Ort Reißaus.

42 Sie warten nur, dass du dich in Bewegung setzt,
um dich zu ruinieren. Wer allzu sehr vertraut,
der täuscht sich manches Mal zu guter Letzt.

43 Der lange Regen und die Kälte spät im Jahr
machen alle Erntehoffnungen zunichte.
Beträchtlich ist der Schaden. Traurig, aber wahr.

44 Wind, Frost, Wasser, Nebel, Diebe, wilde Viecher
werden dieses Jahr dein Landgut plagen.
Da kann man nicht viel machen, das ist sicher.

45 Unfair handeln, nicht das Gute suchen,
die andern und dich selbst nicht lieben ...
Verstehst du nun, warum fast alle dich verfluchen?

46 Hör die Prophezeiung, liebes Kind:
Ohne Mann sollst du nicht länger bleiben.
Nimm dir diesen hier, und zwar geschwind.

47 Dank der Gnade, die der Himmel dir gewährt,
wird dein Kopf von allen Sorgen frei,
die durch andrer Menschen Neid genährt.

48 Die Sympathien, die man dir bisher bekundet hat,
werden, wenn du älter wirst, noch größer.
Weil du freundlich bist und hilfst mit Rat und Tat.

49 Ungeachtet derer, die dir übelwollen,
wirst du lange leben und nach einem Sturz
im hohen Alter in das Paradies dich trollen.

50 Kein langes Leben gibt's für dich hienieden.
Verrat wird dich zur Strecke bringen. Nach dem Tod
sind guter Ruf und Ehre dir beschieden.

51 Ein Plan, der von ehrlichem Streben getragen,
wird meistens gelingen. Und so wird auch deiner
am Ende dir Glück und Erfolg nicht versagen.

52 Dieser völlig ausweglosen Lage
wirst du bald entrinnen. Dann winken dir
nach trüben Zeiten wieder Sonnentage.

53 Heirate dieses Jahr, dann wird es klappen.
Ein kluger, schöner Mann ist dir gewiss. Greif zu,
sonst wird ihn eine andere sich schnappen.

54 Du kannst nicht lieben, ohne dich lieben zu lassen.
Deshalb wird es nicht mehr lange dauern,
dann wird man dich dafür noch hassen.

55 Kummervoll verläuft dein Dasein bis zum Grabe.
Die Sorgen werden dich konstant bedrücken.
Das ist es, was ich dir zu sagen habe.

56 Tausend Mal am Tag kannst du mich fragen,
ob du Vergeltung üben sollst. Und jedes Mal
kann ich dazu nur „Lass es bleiben!“ sagen.

PROPHET JOSEPH

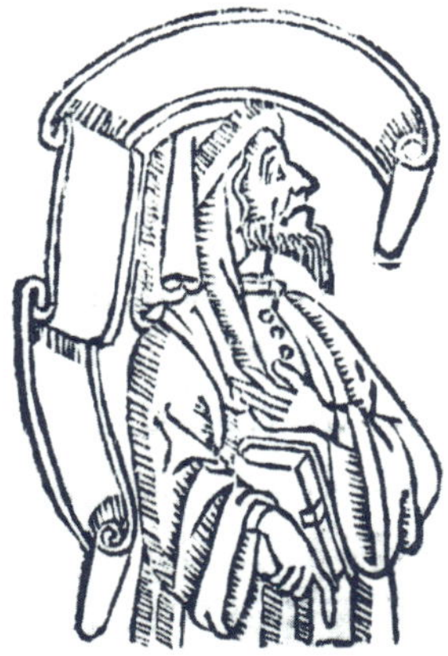

01 Nicht lange wird es dauern, dann gib acht:
Unerwartet wird dich jemand drangsalieren,
an den du nie und nimmer hast gedacht.

02 Dein Plan ist viel zu kühn, mein Lieber.
Der Traum, den du im Herzen hegst,
bleibt für immer dort. Vergiss ihn wieder.

03 Ob eines andern Rache willst du mich befragen:
Ob es klug ist, wenn er an Vergeltung denkt?
Das wäre schlecht für ihn, kann ich nur sagen.

04 Weil deine Gefolgschaft nicht hinter dir steht,
wirst du den Kampf verlieren. Sieh also zu,
dass du den Frieden bewahrst, wenn's geht.

05 Weil andere dich zu Unrecht attackieren,
bist du in dieses tiefe Loch geraten.
In Kürze wirst du wieder Aufwind spüren.

06 In diesem Kampf scheint dir der Sieg nicht zu gelingen.
Doch dann wirst du mit Klugheit, Mut und Degen
den Gegner unversehens in die Knie zwingen.

07 Aus fremder Hand wirst du den Tod erleiden.
Durch Pech, nicht weil du Schuld auf dich geladen.
Das ist dein Los, du kannst es nicht vermeiden.

08 Was du auch tust, es wird dir zwar gelingen,
die Flammen einzudämmen. Aber ganz
wirst du den Brand nicht zum Erlöschen bringen.

09 Aus Liebe wirst du ins Verderben rennen,
so wie einst Tristan für Isolde. Glaube nicht,
aus eigner Kraft dem Tod entgehn zu können.

10 Der ist noch nicht geboren, ich sag es unverhüllt,
der dich rundum glücklich macht und dafür sorgt,
dass jeder deiner Träume sich erfüllt.

11 Brich unverzüglich auf, dann ist das Glück
dir auf dem Hin- und Rückweg hold.
Doch wenn du zauderst, hält es sich zurück.

12 Das Lästern ist ein übler Wesenszug von dir.
Es macht dich durchweg unbeliebt. Hör auf,
das bringt nur Groll und Schaden, glaube mir.

13 Solange einer lebt, der dich nicht mag,
wird dein Wunsch sich nicht erfüllen. Sobald er stirbt,
kommt dein Plan, so ich dir sage, an den Tag.

14 So tugendhaft ist deine Gattin, klug und fein,
dass sie es zweifellos verdienen würde,
eines hohen Herrschers Frau zu sein.

15 Ungewiss sind Anfang und Verlauf.
Doch hab Vertrauen, denn am Ende
löst sich der Streit zu deinen Gunsten auf.

16 Willst du in diesem Mond auf Reisen gehen,
dann wirst du, weil es der Himmel nicht erlaubt,
deine Heimat nie mehr wiedersehen.

17 Bei diesem Streit wird's fraglos Tränen geben.
Am Ende aber wirst du triumphieren
und nach dem ganzen Stress in Frieden leben.

18 Dein Mann geht fremd, so will mir scheinen.
Wenn du schlau bist, zahl's ihm heim.
Mit gleicher Münze, würd ich meinen.

19 Von wegen Liebe! Hass empfindet sie für dich.
Und dann betrügt sie dich auch noch mit einem,
der dir nie das Wasser reicht, ganz sicher nicht.

20 Bei deinem Tod wird's Huldigungen geben,
Prunk und Pomp und Ruhm auf Erden.
Die Himmelsglorie aber wirst du nicht erleben.

21 Was Gott will, das kann er möglich machen.
Trotzdem glaub ich nicht, dass sie dich jemals liebt.
Du fällst gewiss nicht unter ihre Herzenssachen.

22 Lass keinen frommen Bruder ein, ich sag's im Guten.
Und wenn es einmal doch passiert, gib acht,
denn stramme Feger stecken unter diesen Kutten.

23 Dein Mann ist nur ein schlapper Wicht,
obwohl er sich nach Kräften müht.
Du kennst ihn allerdings noch nicht.

24 Jemand möchte dich schon bald im Jenseits sehen.
Doch lang vor dir wird er in Qualen sterben,
und du wirst dann im Paradies spazieren gehen.

25 Sie liebt dich treu und ehrlich, ganz bestimmt.
Und du sei klug und halte dich zurück,
damit ihr guter Ruf nicht Schaden nimmt.

26 Der Teufel hat von ihm Besitz genommen.
Jetzt kannst du deinen Plan verwirklichen.
Amüsiere dich, der Zeitpunkt ist gekommen.

27 Obwohl du dich bemühst, die Leute zu verstehen,
bist du in Wirklichkeit nicht sehr beliebt.
Der Himmel kann den Grund dafür nicht sehen.

28 Böse Zungen wünschen sich, du mögest sterben.
Sie lästern über dich, doch dessen ungeachtet
wirst du in Ehren alt und älter werden.

29 Mach dir keine Hoffnung, weil es sinnlos ist.
Glaube nicht, dass du die Krise überwindest,
in die du nur durch eigne Schuld geraten bist.

30 Ins Rotlichtviertel sollte er dir nicht geraten,
mein liebes Schwesterherz, ich muss dich warnen:
Er ist kein Schwätzer, sondern Mann der Taten.

31 Reichlich Korn und Öl ist dieses Jahr dein Lohn.
Mit Wein zum Trinken sieht es aber traurig aus.
So trägst du neben Schaden auch noch Spott davon.

32 Wenn du sie dieses Jahr zur Frau dir nimmst,
dann sag ich dir ganz klipp und klar,
dass du damit das große Los gewinnst.

33 Null Prozent Gewinn wirst du realisieren.
Da würde es auch nicht viel bringen,
den Planetenlauf zu revidieren.

34 Diebe, die auf andrer Leute Güter spitzen,
verderben dir in diesem Jahr die Ente.
Nicht jedem zu vertrauen, würde nützen.

35 Nimm dir einen Mann und höre auf mein Wort:
Gib dich ihm nicht übermäßig hin,
sonst schickt er dich in Kürze wieder fort.

36 Ein großer Freund von unserm Herrn in Ewigkeit
hat für dich gebetet und damit bewirkt,
dass sich dein Wunsch erfüllt in kurzer Zeit.

37 Du hast es so gewollt, und so ist es gekommen.
Er ist so wie er ist. Dein ganzes Fleh'n zu Gott,
mein liebes Kind, wird dir nur wenig frommen.

38 Die Sorgen enden schneller als du denkst.
Frohe Tage kann ich dir verheißen,
wenn du meinen Worten Glauben schenkst.

39 Grausam ist die Rache. Wie gewohnt,
wird die Freveltat gerecht bestraft.
Wer gut ist, wird auf jeden Fall belohnt.

40 Was spricht dagegen, dir ein Herz zu fassen?
Das Trödeln hat doch keinen Sinn.
Du solltest dieses Jahr dich trauen lassen.

41 Mit mustergültigem Verhalten und Geduld
wirst du den Leidensweg beenden.
Wer ausharrt, der erfährt Fortunas Huld.

42 Lass ruhen, was bis jetzt noch nicht vollbracht.
Dein Warten ist vergeblich, ohne Frage.
Denn meine Verse sprechen wahr, gib acht.

43 Wenn du entschlossen bist, dann geh.
Warten hat jetzt keinen Sinn, weil ich im Zaudern
viele Tücken und Gefahren für dich seh.

44 Der Bauern Hinterlist und ihre Pfuscharbeit
werden dir noch reichen Schaden bringen.
Das merkst du in nicht allzu langer Zeit.

45 Vergeltung wird es diesmal keine geben.
Wer auf Rache sinnt, der sinnt umsonst,
denn dazu gibt Fortuna nicht den Segen.

46 Karge Frucht wirst du in diesem Jahr bekommen.
Doch mit dem Wenigen, das dir am Ende bleibt,
wirst du gut über die Runden kommen.

47 Unbeliebt bist du wie die Migräne.
Die Leute hassen und verfolgen dich,
als wärst du eine gierige Hyäne.

48 Willst du auf dieser Welt in Freuden leben,
dann heirate noch nicht. Sonst wird die Sonne
sich auf der falschen Seite in den Himmel heben.

49 Nicht viel wird dieses Jahr auf deinen Feldern sprießen.
Das Wenige ist doch von guter Qualität.
Nur leider kannst du es nicht lang genießen.

50 Bei dieser Sache wirst du viel verlieren.
Sie wird dir großes Ungemach bereiten.
Rückwärts wie ein Krebs wirst du marschieren.

51 Ein prächtiges Geweih wirst du dann tragen,
wenn du in diesem Jahr die Ehe schließt.
Besser wär's, den Schritt noch nicht zu wagen.

52 Fast jedermann kann dich gut leiden.
Doch alle Sympathie nützt dir nur wenig,
denn dieser Blüte Frucht ist recht bescheiden.

53 Eine äußerst karge Ernte steht ins Haus.
Und nächstes Jahr kommt's noch viel schlimmer.
Am klügsten wär's, du wanderst von hier aus.

54 Schließt du zu früh den Bund fürs Leben,
wirst du zur Witwe. Warte noch ein Jahr,
dann könnt ihr euch getrost das Jawort geben.

55 Dein Plan steht kurz vor dem Gelingen.
Und weil er sich bewährt und wirksam ist,
wird er dir reichen Segen bringen.

56 Viel Gewinn darfst du dir dieses Jahr erhoffen.
Und hast du ihn dann unter Dach und Fach,
halt Augen und auch Ohren offen.

PROPHET JAKOB

01 Dein Verdienst kommt auf mehreren Wegen herein.
Der Gewinn wird noch üppiger sein, als du denkst.
Doch er bringt dir nur spärlichen Segen ein.

02 Ich rate dir, bedacht zu Werk zu gehen.
Dann kommst du bald aus dieser Not heraus
und dein Elend wird nicht lang bestehen.

03 Ich sehe, du hast wenig Spaß und viel Verdruss.
Es läuft nicht so, wie du es gerne möchtest.
Noch dicker kommt's für dich zum Schluss.

04 In hohem Alter wirst du den Himmel schauen.
Ein solches Glück wird nur denen zuteil,
die anständig leben und ehrsam ergrauen.

05 Weil dich böse Zungen diffamieren,
wirst du scheitern. Aber deine Widersacher
werden noch viel mehr als du verlieren.

06 Deine Frau ist gut und hängt an dir.
Sei wachsam und nimm dich in Acht vor jemand,
der ziemlich häufig klopft an deine Tür.

07 Du wirst siegen, das liegt auf der Hand.
Denn wer sich gegen Fortuna stellt,
will nur mit dem Kopf durch die Wand.

08 Sei froh, dass die Krise nicht lange währt.
Der Schaden, den du dabei erleidest,
ist überhaupt nicht der Rede wert.

09 Weil du stolz und überheblich bist,
geht dieser Kampf verloren,
bevor es wieder Frühling ist.

10 Deine lose Zunge bringt dir kein Glück.
Statt zu jammern, solltest du dich fragen:
Warum nur halte ich mich nicht zurück?

11 Gott und Feind und Glück in allen Lagen
spielen dir in die Hände. Dein Gegner
findet keinen Weg, um dich zu schlagen.

12 Wenn du dieses Jahr die Ehe schließt,
holst du dir den Teufel ins Haus.
Stolz und launisch ist sie wie ein Biest.

13 Die Soldaten, die das Land durchstreichen,
werden nächstes Jahr wüten. Was dir bleibt,
wird kaum noch für die Spesen reichen.

14 Ohne jeden Zweifel kann ich sagen:
Reich wie Krösus wirst du werden. Und in Zukunft
brauchst du nicht zu jammern und zu klagen.

15 Von Eifersucht geprägt ist sein Benehmen,
und zwar zu Unrecht. Deine Tugendhaftigkeit
wird Angst und Zweifel von ihm nehmen.

16 Der Vizekönig kommt, um dich zu ehren.
Weil du gottesfürchtig und integer bist,
wird er dir bestimmt den Sieg bescheren.

17 Sterben wirst du in der Blüte deines Lebens.
Nach dem Tod erwartet dich das Paradies.
Auf ein hohes Alter hoffest du vergebens.

18 Such dir eine Frau in reifen Jahren.
Lass die Finger von den jungen Stuten.
So wirst du dir den Seelenfrieden wahren.

19 Dein Image wird durch diesen Streit sehr leiden.
Deshalb kann ich dir nur tunlichst raten,
ihn auf alle Fälle zu vermeiden.

20 Sie mag dich nicht besonders, weil sie sieht,
dass es manche andere Verehrer gibt,
deren Herz noch stärker für sie glüht.

21 Obwohl sie starke Eifersucht empfindet –
vielleicht mit Recht –, kann ich dir sagen,
dass ihre Güte trotzdem niemals schwindet.

22 Und schaut der Winter ins Land herein,
wird er viel Feuchtigkeit und Wasser bringen.
Das sorgt für reichlich Korn und wenig Wein.

23 Gewürfelt hast du Fünf-Vier-Drei.
Und meine Prophezeiung lautet:
Dein Ehemann ist dir nicht treu.

24 Nicht gleich, doch in Kürze wird Rache genommen,
ganz offen für die erlittene Kränkung.
Der Gerächte wird aber Gesellschaft bekommen.

25 Werde Nonne, weihe dich dem Herrn.
Eine irdische Beziehung und die Ehe
liegen dir nach meiner Ansicht völlig fern.

26 Ertrag sie noch ganz kurz, die üble Lage,
in der du dich zurzeit befindest. Der Himmel
schenkt dir bald schon wieder schöne Tage.

27 Hör auf, die Sache weiterhin voranzutreiben.
Sonst wirst du einen solchen Flop erleben,
dass dir nur Schaden und Bedauern bleiben.

28 Schon bald wird es dir wieder besser gehen.
Und wer dich auf dem Sterbelager glaubte,
wird mit Zerknirschung seinen Irrtum sehen.

29 Würdig ist der Schoß, der Himmel wohl gewogen.
Ein Junge soll es werden und nach der Geburt
wird er zu einem tugendreichen Mann erzogen.

30 Der Schaden ist groß, er wird sich noch mehren.
Das lässt sich leider nicht mehr revidieren.
Trag's mit Fassung, statt dich zu beschweren.

31 Nicht einmal ein Klötzchenspiel will dir gelingen.
Trotzdem wagst du dich an dieses Unternehmen.
Das Bauwerk wirst du nie zu Ende bringen.

32 Die Gunst kehrt wieder, noch größer als sie war.
Sein freundliches Gemüt lässt sich erweichen.
Doch solche Menschen sind tatsächlich rar.

33 Gott ruft dich zu sich, er wird dich bald erlösen.
Wenn er vorsieht, dass die Zeit gekommen ist,
wird kein Kranker mehr von seinem Leid genesen.

34 Ein angenehmer Kerl ist er in seiner Jugend.
Er wird lange leben, doch im Alter
ist er grausam, launisch und ganz ohne Tugend.

35 Mach schnell und folg den Spuren, sieh die Zeichen.
Dann wirst du deine Sachen wiederfinden.
Mithilfe eines Priesters kannst du das erreichen.

36 Günstig ist der Zeitpunkt, fang an in kurzer Frist.
Deine offne Hand ist die Gewähr dafür,
dass Geiz bei diesem Bau ein Fremdwort ist.

37 Verlorene Gunst wirst du zurückgewinnen.
Sie wird noch stärker grünen als zuvor.
Pass auf, sonst wird sie wiederum zerrinnen.

38 Dein zügelloses Essen und das Trinken
haben dich an diesen Punkt gebracht.
So wird dir nun das letzte Stündchen winken.

39 Ungezogen, schwächlich und nicht schön
wird die Kleine sein. Nimm's nicht tragisch,
denn sie wird nicht viele Jahre überstehn.

40 Was dir widerfahren ist: Recht ist dir geschehen.
Mach dir keine Hoffnung, dass das Zeug sich findet.
Was dahin ist, wirst du niemals wiedersehen.

41 Dein Unternehmen hat des Himmels Segen.
Beginn den Bau, so wie es dir beliebt.
Kein Planet steht dir als Feind entgegen.

42 Bald wird man dich wieder zu achten beginnen.
Wer Zwietracht säte, hat es schon bereut.
Deine Ehre wirst du rasch zurückgewinnen.

43 Als du gesund warst, hat dich nie ein Arzt berührt.
Nun aber, da du krank bist, sei gewiss,
dass dich dein Weg direkt ins Jenseits führt.

44 Ein Junge wird es werden, an Geist und Sitten fein.
Und wenn ich mich nicht täusche, wird er wohl
auf eine seiner Frauen eifersüchtig sein.

45 Was man dir gestohlen hat, bleibt noch verborgen.
Doch bald schon wird es offen vor dir liegen.
Du kriegst es wieder, mach dir keine Sorgen.

46 Der Himmel hat für deinen Plan ein Ohr.
Sei zuversichtlich und beginn zu bauen,
dann steht viel Gutes dir bevor.

47 Die Gunst, so wie sie war, wirst du verlieren.
Ein kleiner Kratzer ist imstande,
ein altvertrautes Gut zu ramponieren.

48 Ein schweres Leiden hat's für dich gegeben.
Gott in seiner Gnade wird dich retten.
Er schenkt dir ein gesundes, angenehmes Leben.

49 Von diesem Diebstahl gibt es keine Zeichen
und wird es niemals welche geben.
Weder Dieb noch Beute wirst du je erreichen.

50 Die Spesen sind zu hoch für dich, pass auf.
Mit diesem Bau wirst du dich übernehmen.
Dann kommt ein Großteil deiner Habe zum Verkauf.

51 Versöhnung naht, das kann ich dir versprechen.
Erspar dir aber künftig deinen Hochmut,
um nicht noch einmal durch die Wand zu brechen.

52 Rasche und wirksame Hilfe hat dir genützt,
sonst wärst du für immer gegangen, mein Freund.
Ein wachsames Auge hat dich beschützt.

53 Einen netten Jungen wird es für dich geben.
Dank seiner Qualitäten wird dein Haus
in Zukunft eine neue Blütezeit erleben.

54 Diesmal hat Fortuna dich nicht lieb.
Was dir abhanden kam, taucht nicht mehr auf.
Der, den du für heilig hältst, ist eigentlich der Dieb.

55 Du solltest mit dem Bauen jetzt beginnen.
Die Zeichen stehen gut, die Sterne günstig.
Mach dich ans Werk, lass keine Zeit verrinnen.

56 Die Gunst ist unwiederbringlich dahin.
Da gibt es nichts zu rütteln und dein Hoffen
ist fruchtlos und hat überhaupt keinen Sinn.

PROPHET SIMEON

01 Ein Junge wird's, so hat die Konjunktion entschieden.
Er wird in allem, was er tut, erfolgreich sein.
Vater und Mutter sind stolz und zufrieden.

02 Das Schicksal hat sein Votum abgegeben.
Mach, was du willst, doch eins steht fest:
Den Winter wirst du nicht mehr überleben.

03 Ein Sohn gesellt sich zum Familienreigen.
Er wird es zu großem Wohlstand bringen
und sich stets nobel und großzügig zeigen.

04 Der Lump, der dich bestohlen hat, ist fort.
Das Diebesgut bekommst du nie mehr wieder.
Es bleibt an einem unbekannten Ort.

05 Geh dieses stolze Unternehmen an,
der Himmel ist dir wohlgesinnt. Doch sorg dafür,
dass der Geldbeutel Schritt halten kann.

06 Was du durch eigne Schuld beschädigt hast,
das lässt sich nicht mehr reparieren.
Böse Zungen lästern nämlich ohne Rast.

07 Es wird noch dauern und dich schmerzhaft plagen.
Zu guter Letzt wirst du genesen, aber dann
noch ein paar Jahre an den Folgen tragen.

08 Ein Mädchen wird geboren. Sorg dich nicht.
Kaum länger als ein Jahr bleibt sie am Leben.
Deshalb fällt sie pekuniär nicht ins Gewicht.

09 Einen Jungen wird der Herr dir bald bescheren.
Pass auf den Kleinen auf, damit er überlebt.
Dann wird er sich als braver Mann bewähren.

10 Eine Dame war's, die dich bestohlen.
Das Diebesgut wirst du zurückbekommen.
Doch da ist nicht mehr viel zu holen.

11 Führ den Bau, den du geplant hast, fort.
Die Zeit ist günstig, halt nicht inne.
Er bringt dir Ruhm und Wohlstand. Auf mein Wort.

12 Die Gunst scheint ein wenig verloren gegangen.
Nicht alles ist jedoch dahin, hab keine Angst.
Die Freundschaft wirst du bald zurückerlangen.

13 Von dieser Krankheit wirst du dich erholen.
Nicht durch die Kunst der Ärzte, sondern weil du dich
mit Beten und Gelöbnissen dem Herrn empfohlen.

14 Deines Leibes Frucht wird bald geboren werden.
Ein Mädchen wird es sein, doch sei gewiss,
keine sechs Jahre wird sie weilen auf Erden.

15 Wer dich bestohlen hat, ist auf und davon.
Das Diebesgut bekommst du nicht mehr wieder.
Auch nicht mit einem reichen Finderlohn.

16 Die Zeit ist günstig, führ das Bauwerk aus.
Es wird dir allseits Ruhm und Nutzen bringen.
Sei beherzt und rück gehörig Geld dafür heraus.

17 Noch stärker als zu früheren Zeiten
wird man dir neuerlich gewogen sein.
Weil andere Gutes über dich verbreiten.

18 Verloren ist die Gunst jetzt wohl.
Sie ging an einem wunden Punkt zu Bruch.
So wird nicht sein, was nicht sein soll.

19 Die Krankheit war schon fast kuriert.
Dann aber hat des Meisters Ignoranz
die Heilungsdauer prolongiert.

20 Ein Mädchen wird es werden. Doch gib acht
und sieh ihr sorgsam auf die Finger.
Denn wenig ehrlich hat sie die Natur gemacht.

21 Verloren ist das Zeug, das dir abhanden kam.
Es taucht nicht wieder auf, das Schicksal ist dagegen.
Umsonst ist dein Bemühen. Vergiss den ganzen Kram.

22 Wohlan, beginn den Bau, dann wird sich zeigen,
dass er dir große Anerkennung bringt.
Nicht ab-, doch steil nach oben wirst du steigen.

23 So wie's dein Sinnen und dein Trachten ist,
wirst du die verwirkte Gunst zurückgewinnen.
Und zwar noch innerhalb der Monatsfrist.

24 Dein Leiden wird alsbald zu Ende gehen.
Und nach den harten Zeiten, sei gewiss,
wirst du wieder fit und froh im Leben stehen.

25 Einen schönen Jungen wirst du bald gebären.
Ehrlich und von klugem Geiste wird er sein.
Achtbare Frauen wird er innig verehren.

26 Galgenholz gibt es in rauen Mengen.
Die Dieberei kommt bald zutage.
Dann wird der Übeltäter hängen.

27 Die Chancen sind zurzeit recht zweifelhaft.
Der Himmel meint's nicht gut. Beginnst du jetzt,
dann ist das Ganze nicht sehr dauerhaft.

28 Fort ist das Vertrauen ob deiner Hinterlist.
Nutzlos ist dein Hoffen und du wirst erkennen,
dass es so nur recht und billig ist.

29 Langsam, langsam musst du von hier gehen.
Füg dich in dein Schicksal, lass dich leiten.
Einen andern Weg kann ich für dich nicht sehen.

30 Ein hässliches Entlein wirst du entbinden.
Und wenn es Zeit ist, dass sie sich vermählt,
wirst du einen alten Knacker für sie finden.

31 Wiederfinden wirst du deine Sachen
dank einer schönen Frau. Du solltest aber
kein großes Aufheben davon machen.

32 Wo du bauen möchtest, ist kein guter Ort.
Versuch es doch in einer andern Gegend.
Große Anerkennung findest du dann dort.

33 Jemand hat mit Wort und Tat sich so bemüht,
dass die Freundschaft, die bereits verloren schien,
zu deiner großen Freude wieder neu erblüht.

34 Was du bisher versucht hast, kann nicht frommen.
So wirst du bald in Frieden ruhen. Wechsle Arzt,
dann wirst du wieder auf die Beine kommen.

35 Termingemäß wird es den Nachwuchs geben.
Es wird mit Sicherheit ein Junge werden.
Ein Tollpatsch bleibt er, sollt' er überleben.

36 Ein paar Halunken haben dich bestohlen.
Der Zufall wird dich zu den Tätern führen.
Die Beute kannst du dir zum Teil dann holen.

37 Einen prächtigen Sohn wirst du gebären.
Dem Vater wird er ziemlich ähnlich sein.
Als Vorbild wird man ihn dereinst verehren.

38 Was passiert ist, solltest du ad acta legen.
Das Diebesgut bekommst du nicht zurück.
Dem Gauner bringt die Untat keinen Segen.

39 Fang an zu bauen, mach geschwind.
Die Zeit ist günstig und das Bauwerk wird
zum Ruhm gereichen Kind und Kindeskind.

40 Die Gunst von einst wird wiederkehren.
Hör zu: Von nun an halten dich die Leute
sogar noch höher als zuvor in Ehren.

41 Die Krankheit ist beschwerlich und sehr hart.
Dank der Pflege eines Menschen, der sie liebt,
bleibt ihr der Tod mit Sicherheit erspart.

42 Ein Junge ist es, den der Herr dir schenkt.
Doch leider winkt ihm nur ein kurzes Dasein.
Nicht immer kommt es so, wie man sich denkt.

43 Bestohlen hat man dich mit großem Schaden.
Vom Diebesgut bekommst du nichts zurück.
Den Täter aber wird man vor den Galgen laden.

44 Um die Gesundheit hat er sich nicht sehr bemüht.
Nun, da er krank ist, scheint mir unvermeidlich,
dass ihm in absehbarer Zeit das Ende blüht.

45 So wie der Junge aussieht und sich gibt,
wird er dereinst ein Prachtkerl werden.
Glücklich macht er jeden Menschen, der ihn liebt.

46 Der Gauner wird gefasst, du aber hast kein Glück:
Die ganze Beute hat er längst verjubelt.
Der Schurke endet wohlverdient am Strick.

47 Scheu dich nicht, das Bauwerk zu beginnen.
Die Planeten stehen gut. Mit ihrer Hilfe
kannst du Lorbeer für die Ewigkeit gewinnen.

48 Neu erstarken werden Gunst und Sympathie.
Das wird dir wieder Rückhalt geben,
so großen hattest du bisher noch nie.

49 Vier-Zwei-Eins, du armer Tropf,
künden dir dein nahes Ende.
Du spürst es an dem Schmerz im Kopf.

50 Ein Mädchen wird es werden, wohl gebaut und nett.
Mit Geist und Klugheit ausgestattet, ja bei Gott,
ehrenhaft und brav von A bis Zett.

51 Was dir abhanden kam, das bleibt verschollen.
Ein falscher Freund hat dich aufs Kreuz gelegt.
Kein Weg ist gangbar, um es dir zurückzuholen.

52 Fünf-Zwei-Eins. Die Zahlen sagen aus,
dass der Zeitpunkt günstig ist.
Mach dich ans Werk, bau dieses Haus.

53 Die Gunst ist vertan, die Liebe versiebt.
Keine Aussicht, dass sie jemals wieder blüht.
Wer himmelhoch jauchzte, ist zu Tode betrübt.

54 Mein lieber Freund, bring ihm die frohe Kunde:
Er wird die Krankheit überstehen.
Nur die Wahrheit kommt aus Simeons Munde.

55 Lebhaft ist er, will aus dem Schoß heraus.
Freundlich, nett und wohlerzogen wird er sein.
Wo er wohnt, strömt Frieden durch das Haus.

56 Simeon weiß, der Raub ist gut versteckt.
Unversehens wird er durch ein Kindesauge
rasch und zweifelsfrei entdeckt.

PROPHET MOSES

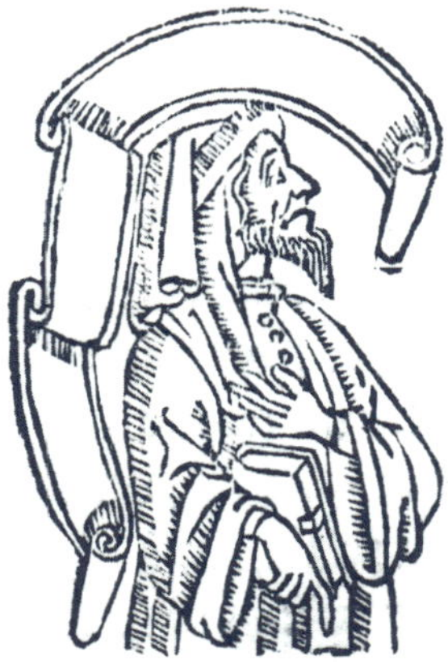

01 Weil er von der Heilkunst nicht viel hält,
der Arzt vielleicht ein Stümper ist,
verlässt der Kranke qualvoll diese Welt.

02 Was man dir stahl, kannst du im Soll verbuchen.
Weil du achtlos warst, hast du es so verdient.
Zwecklos ist es, nach dem Diebesgut zu suchen.

03 Lass dich auf so hohe Kosten ja nicht ein.
Nicht mehr lange wirst du nämlich leben.
Diese Nachricht muss sehr schmerzlich für dich sein.

04 Die verlorne Gunst wirst du zurückerhalten.
Sie wird noch stärker wirken als zuvor.
Sieh zu, sie künftig weise zu verwalten.

05 Tückisch und gefährlich ist dein Leiden.
Durch rasche und gediegene Behandlung
kannst du jedoch den Tod vermeiden.

06 Eines Sohnes Ankunft kannst du bald besingen.
Durch große Taten wird er sich in Szene setzen
und es dereinst zu großem Einfluss bringen.

07 Das Diebesgut wird man in Kürze finden.
Wer dir Leid und Schaden zugefügt,
dem wird man bald den Strick umbinden.

08 Die Zeit ist günstig, die Planeten stehn bereit.
Investiere in den Bau, tu es mit Freuden.
Dann winken Glanz und Glorie für die Ewigkeit.

09 Das Kind wird seiner Mutter ähnlich sehen.
Aufgrund der Influenza wird es aber
den zehnten Winter nicht mehr überstehen.

10 Finden wird man den, der dich bestohlen hat.
Der gerechten Strafe kann er nicht entgehen.
Büßen muss, wer es verdient, für seine Tat.

11 Bau, der Himmel meint es gut mit dir.
Sei bereit, das Geld zu investieren.
Lob und Ruhm bekommst du dann dafür.

12 Deinen Rang wirst du nie mehr zurückbekommen.
Die Gunst hast du dir längst verspielt.
Was du auch unternimmst, es wird nicht frommen.

13 So schwach ist schon der Lebenssaft,
dass es dein Körper nicht mehr länger
als dreißig Tage hier auf Erden schafft.

14 Ein Junge wird es werden voller Geisteskraft.
Zum Stolze derer, die nach ihm noch kommen,
wird er zu einer Leuchte für die Wissenschaft.

15 Dank eines Priesters wirst du alles wiedersehen.
Auf ungewohntem Weg erhältst du es zurück.
Es lohnt sich sehr, mit großer Sorgfalt vorzugehen.

16 Du wirst den Bau beginnen, aber nicht vollenden.
Ich warne dich, denn allzu viele Widrigkeiten
werden sich gegen dein Vorhaben wenden.

17 So generös ist des Beleidigten Geblüt,
dass die verscherzte Gunst sich wieder regt
und noch viel inniger und stärker blüht.

18 Dein Schaden waren Ärzte und Arzneien.
Lass doch die Natur ein bisschen walten,
dann wirst du bald vom Übel dich befreien.

19 Zu großem Ruhm wird dich das Bauwerk führen.
Nimm es jetzt in Angriff, dann wirst du am Ende
Erfüllung und Befriedigung verspüren.

20 Übles Gerede hat dich zu Fall gebracht.
Freundliches Wirken richtet dich wieder auf.
Verspiel dir die Gunst nicht aufs Neue, gib acht.

21 Dieses Leiden zehrt an deinem Leben.
Was immer man dagegen tut, es ist umsonst.
Bald wirst du dich an einen andern Ort begeben.

22 Ein schwaches, hässliches Ding wird dich beglücken.
Nimm's nicht tragisch. Falls sie überlebt,
kannst du sie zum Beten in ein Kloster schicken.

23 Du kommst zu spät, der Dieb ist längst verschwunden.
Die Beute hat er schon in Sicherheit gebracht.
Umsonst ist, was du tust. Ich sag es unumwunden.

24 Beginn beizeiten, der Plan ist gut durchdacht.
Der Bau, den du errichten wirst,
ist nicht für baldigen Zerfall gemacht.

25 Lach dir woanders neue Freunde an.
Die du verloren hast, gewinnst du nicht zurück.
Du weißt, dass der Affront von deiner Seite kam.

26 Richtet Kreuz und Kerzen her,
empfehlt die Seele Gott dem Herrn.
Alle Kuren helfen nun nicht mehr.

27 Einem liebenswürdigen und netten Jungen
wird dies ehrenhafte Weib das Leben schenken.
Von Großmut und Redlichkeit ist er durchdrungen.

28 Wer dich bestohlen hat, wirst du erfahren.
Verloren aber sind gar manche Dinge,
die vormals wichtig für dich waren.

29 Du solltest jetzt nicht insistieren.
In etwas weniger als einem Jahr
lohnt es sich, in das Projekt zu investieren.

30 Obwohl du es dir nicht so recht verdienst,
hat Gott ein Herz für dich und wird dir geben,
worauf du mit so großer Sehnsucht sinnst.

31 Der Baubeginn steht fest, nun gibt es kein Zurück.
Mach dich ans Werk und führ den Plan zu Ende.
Er wird ein Highlight deines Lebens und bringt
Glück.

32 Die Gunst ist verloren, du wartest vergebens.
Wer Schuld am Scheitern dieser Freundschaft trägt,
ist verflucht für viele Tage seines Lebens.

33 Diese Krankheit führt zu deinem Tod.
Da hilft kein Doktor und auch keine Medizin.
Dann bist du endlich frei von Schmerz und Not.

34 Freue dich, es sieht nach einem Jungen aus.
Ihm winkt ein langes Leben und sein Wirken
wird zum Segen für das ganze Haus.

35 Das Diebesgut wirst du zurückerlangen.
Es ist zwar weg, wird aber bald gefunden.
In ihrem Nest wird man die Elster fangen.

36 Den Bau kannst du aus dem Kalender streichen.
Die Mittel, die dir zur Verfügung stehen,
würden kaum für ein paar Stunden reichen.

37 Eines Gönners Freundschaft hast du eingebüßt.
Durch gute Taten wirst du sie zurückgewinnen.
Sieh zu, dass dein Verhalten ihn nicht mehr
verdrießt.

38 Dieser Krankheit wirst du nicht erliegen.
Doch weil du wenig auf Gesundheit achtest,
wird eine andere dich bald besiegen.

39 Ein kühnes Mädchen sag ich dir voraus.
Feurig und energisch wird sie sein.
Und mehr als einem Mann bläst sie das Lichtlein aus.

40 Der Diebstahl wird geklärt, doch deine Sachen
bekommst du nicht zurück. Dem Täter
vergeht am Galgen schnell das Lachen.

41 Fang jetzt an, das Unternehmen wird gelingen.
Der Zeitpunkt für den Bau ist günstig.
Er wird dir Glück und Segen bringen.

42 Günstig ist das Jahr, der Mond, die Stunde.
Beginn das Werk, dann ist dein Name
noch lang in vieler Menschen Munde.

43 Die Gunst wird wieder keimen und erblühen,
nachdem sie schon verdorrt und abgestorben war.
Neue Liebe naht, der Groll wird sich verziehen.

44 Des Moses Antwort lautet klipp und klar:
Ein Sohn wird dir geboren. Doch o weh,
ein kümmerliches Wesen bleibt er immerdar.

45 Freue dich, die Beute wird gefunden.
Dein Hab und Gut bekommst du wieder.
Ein Glückspilz bist du wohl zu allen Stunden.

46 Wenn du jetzt baust, dann wirst du es bereuen.
Das würde dir nur Ärger und Verluste bringen.
Du könntest dich dein Lebtag nicht mehr freuen.

47 Die Gunst kehrt an den Ort zurück, den sie verließ.
Wer Zwietracht sät, erhält verdienten Lohn
und fühlt zu Recht sich selbst nun mies.

48 Ein Sohn sei dir aus Moses Mund verkündet.
Tugenden und Fähigkeiten wird er haben,
wie man sie in seiner Heimat sonst nicht findet.

49 Der dreiste Dieb ist noch nicht weit gegangen.
Aus Sardinien kam er nicht, kann ich dir sagen.
Man wird ihn unter großem Klagen fangen.

50 Am Anfang wird es Hindernisse geben.
Danach wird alles wunschgemäß verlaufen.
Du wirst auf Wolke sieben schweben.

51 Auch wenn du zur Stunde in Ungnade bist,
freu dich trotzdem, denn ich kann dir sagen,
dass man dir in Kürze wieder wohl gewogen ist.

52 Das Diebesgut ist unwiederbringlich dahin.
Wer dich bestohlen hat, hört mit dem Stehlen auf.
Nach Galgenbalken steht ihm nicht der Sinn.

53 Den kühnen Plan, der deinem Geist entsprungen,
führ ihn aus, vollende ihn, spare nicht am Geld.
Großen Ruhm verdienst du, ist das Werk gelungen.

54 Verspielt ist die Gunst und für immer dahin.
Du kannst dein Pech beweinen und beklagen,
doch alle Mühe macht jetzt keinen Sinn.

55 Lorenzo Spirito, der dieses Buch geschrieben,
ist sicher, dass man nie ermitteln wird,
wo Dieb und Diebesgut geblieben.

56 Das Leiden dauerte schon lange Zeit.
Es ist noch nicht vorbei. Doch sicher ist:
Das Lebensende ist zum Glück noch weit.

PROPHET ELIAS

01 Mit Vorsicht und Geduld und dank des Arztes Rat
geht es ihm von Tag zu Tag ein wenig besser,
bis er die Krankheit schließlich überstanden hat.

02 Mit großer Liebe kehrt die Gunst zurück.
Du solltest sie in Zukunft sorgsam hüten.
Wer pflichtvergessen lebt, ist ohne Glück.

03 Du wirst genesen, aber eines ist gewiss:
Schon bald droht dir ein neues Leiden,
und das verfrachtet dich ins Paradies.

04 Nachwuchs wünschst du dir, und er wird kommen.
Ein Sohn ist unterwegs mit Qualitäten,
die werden der Familie lange frommen.

05 Gefunden wird das Diebesgut zum Schluss,
doch nur ein Teil davon und manches nicht intakt.
Dem Dieb droht Ungemach und viel Verdruss.

06 Setz dich mit Herz und Seele für die Sache ein.
Dies Bauwerk bringt dir Ruhm und Ehre,
und für die Ewigkeit ist es ein Meilenstein.

07 Von der Gunst wird ihm kein Quäntchen bleiben,
weil er dumm und unvernünftig war.
Das hat er sich nur selber zuzuschreiben.

08 Du solltest nicht auf die Doktoren hören,
wenn du rasch gesunden willst. Sie werden dich
mit lauter klugen Worten nur betören.

09 Alles Geld und alle Vorsicht sind vergebens.
Leg deine Seele in des Schöpfers Hände.
Dieses Leiden führt zum Exit deines Lebens.

10 Mutter wirst du werden, hör die frohe Kunde.
Ein Sohn ist unterwegs und nach dem einen
gesellt sich noch ein zweiter zu der Runde.

11 Drei Gauner haben dich gehörig ausgenommen.
Man wird sie fassen und sie werden baumeln.
Die Beute wird alsbald zum Vorschein kommen.

12 Jetzt zu bauen hat wahrhaftig keinen Sinn.
Lass es bleiben. Wenn du etwas Neues anfängst,
bringt es dir nur Schaden statt Gewinn.

13 Zu alter Eintracht wird man wieder finden,
wenn man die Sache durch Gespräche klärt.
Mit Schweigen sind Probleme nicht zu überwinden.

14 Von deinem Leiden möchtest du genesen?
Dann hol dir keinen Doktor in das Haus. Warum?
Weil außer Spesen nichts gewesen!

15 Ein Junge ist im Anmarsch und dein Wunsch wird wahr.
Er ist mit Stärken und Talenten reich gesegnet.
Wissen und Besitz gewinnt er Jahr für Jahr.

16 Dein Gut ist ein für allemal verschwunden.
Dem Dieb, der nicht nur dich bestohlen hat,
wird die Schlinge um den Hals gebunden.

17 Vernimm die Botschaft mit Gelassenheit:
Ein Mädchen steht ins Haus, beklag dich nicht.
Auch wenn sich deine Börse nicht sehr freut.

18 Um Auskunft kannst du das Orakel bitten,
trotzdem wirst du nichts erfahren.
Der Dieb hat verborgene Wege beschritten.

19 Geh mit Mut und Freude an das Werk heran.
Es wird dir viel Gewinn und Ehre bringen.
Und eine große Überraschung bahnt sich an.

20 Versöhnung naht, du brauchst nicht zu verzagen.
Die Liebe, die zuvor am Knospen war,
wird dank des guten Klimas Früchte tragen.

21 Was anfangs harmlos war, hat sich nun zugespitzt.
Und zwar so sehr, dass du fast auf der Kippe stehst.
Ein Glück, dass deine kräftige Natur dir nützt.

22 Ein Junge wird's, genieß die Mutterfreuden.
Zum Sonderling und Grobian wird er später,
sodass die Leute seine Nähe meiden.

23 Der Täter kam aus weiter Ferne.
Irgendwann wird er dann doch entlarvt.
Der Wolf kreist um die Beute allzu gerne.

24 Du solltest dieses Unternehmen ruhen lassen.
Wegen einer abgefeimten Schieberei
stehst du nämlich bald vor leeren Kassen.

25 Sei bereit, dir andere Ziele zu stecken.
Umsonst ist nämlich dein Bemühen,
beim Gekränkten neue Gunst zu wecken.

26 Das schlimme Leiden wird er überleben,
und zwar durch Gottes Gnade und mithilfe derer,
die ihm gutes und gesundes Essen geben.

27 Ein Entlein wird es werden, dünn und ohne Kraft.
Schuld daran ist nur der negative Einfluss
von dummen Weibern in der Schwangerschaft.

28 Jag dem Dieb und seiner Beute hinterher
so lange wie du willst. Ich kann dir nur versichern:
Was dir abhanden kam, bekommst du nimmermehr.

29 Bau dieses Haus, ich muss dich aber avisieren:
Nicht mehr lange wirst du dich daran erfreuen.
Bald wird das Schicksal dich ins Paradies spedieren.

30 Stärker als zuvor wird man dich honorieren.
Sei weise und bemühe dich nach Kräften,
die hart erkämpfte Gunst nicht zu verlieren.

31 Gebt dem Kranken alles, was er gerne will.
Die Sache ist gelaufen und daher mein Spruch:
Möge er in Frieden ruhen, sanft und still.

32 Einen Prachtkerl wirst du bald entbinden.
Ihm winkt ein langes Leben und zu seinem Glück
wird er eine gut betuchte Gattin finden.

33 Der Diebstahl wird nicht lang verborgen bleiben.
Halt die Augen offen, damit nicht freche Gauner
noch einmal dieses Spielchen mit dir treiben.

34 Hör auf, um diesen Bau dich zu bemühen.
So mein Rat. Statt Ruhm und Anerkennung
würde dir ein sorgenreiches Leben blühen.

35 Gunst und Liebe wird man dir entgegenbringen.
Freue dich, denn wegen deines guten Wirkens
wird dir alles, was du machst, gelingen.

36 Jemand sah dich schon im Jenseits, doch vergebens.
Verfluchen wird er dich und sich verdrießen
ob dem weit entfernten Ende deines Lebens.

37 Die Züge seiner Mutter wird das Mädchen tragen.
Ein wunderschönes Weib wird aus ihr werden.
Des Vaters Namen wird man nicht erfragen.

38 Verlorenes Vertrauen kehrt bestimmt zurück.
Ich sage dir, warum: Weil Gott nicht will,
dass in Vergessenheit gerät vergangenes Glück.

39 Du musst die Augen nicht für immer schließen.
Die Krankheit wirst du überstehen und danach
das Leben noch geraume Zeit genießen.

40 Was es werden wird, das sag ich dir geschwind.
Deiner Gattin wird es ziemlich ähnlich sehen.
Ein Mädchen zwar, jedoch ein schönes Kind.

41 Wer, wie, wo – das wirst du niemals wissen.
Was dir abhanden kam, ist rettungslos verloren.
Der Dieb ist nämlich überaus gerissen.

42 Mach auf das Portemonnaie, sei unverdrossen.
Dieser Bau wird dir noch große Ehre bringen.
Verhalte dich nicht länger unentschlossen.

43 Güte und Vertrauen werden blühen wie gewohnt.
Sei froh, hör auf zu weinen und zu klagen.
Wer sich ehrenhaft verhält, der wird belohnt.

44 Dieses Leiden wirst du überstehen.
Doch freu dich nicht zu früh, mein lieber Freund.
Ein neues zwingt dich, bald von uns zu gehen.

45 Sorg dich nicht, auch wenn's ein Mädchen ist.
Sie wird so schön und liebenswürdig sein,
dass du dem Himmel trotzdem dankbar bist.

46 Sei guter Dinge, lass dich ja nicht irritieren.
Den Diebstahl wirst du schadlos überstehen.
Den Schuft wird man am Galgen strangulieren.

47 Besser ist es, diesen Schritt jetzt nicht zu machen.
Schlag dir die Sache aus dem Kopf.
Setz bloß einen Stein, dann wirst du nicht mehr lachen.

48 Schon bald wirst du wieder geschätzt und geliebt.
Sieh zu, dass du dir diese Gunst bewahrst.
Denn viel gewinnt, wer sich im Leben ehrlich gibt.

49 Von dieser Krankheit wirst du nicht genesen.
Alle Heilkunst ist bei dir vergebens.
Zu zügellos bist du in deinem Tun gewesen.

50 Freu dich, einen Sohn wirst du gebären.
Als braver Mann wird er dir bis ins Alter
viel Freude und Zufriedenheit bescheren.

51 Was dir gehörte, wirst du nicht zurückerhalten.
Es ist verloren und der Dieb hat sich verdrückt.
Lass daher künftig noch mehr Sorgfalt walten.

52 Aussichtsreich und günstig sind die Zeiten.
Geh das Bauwerk an, mein Freund.
Die Arbeit wird dir viel Gewinn bereiten.

53 Es wird alles wieder gut, noch ist es nicht zu spät.
Sieh zu, dass du nicht neuerlich in Ungunst fällst.
Schone deine Füße, falls es auch zu Pferde geht.

54 Diesmal hat er Gott auf seiner Seite.
Er wird noch nicht die Segel streichen,
entgegen dem Gerede mancher Leute.

55 Dein Herzenswunsch wird sich realisieren.
Einen Sohn bringst du zur Welt und seine Güte
wirst du jederzeit und allseits spüren.

56 Du glaubst es nicht, wer dir dein Gut genommen!
Du wirst es bald zurückerhalten und der Dieb
wird um seine Ehre und sein Leben kommen.

PROPHET ELISÄUS

01 Mit einer frohen Botschaft kann ich euch beglücken.
Ihr solltet langsam an die Mitgift denken.
Ein hübsches Mädchen wird das Licht der Welt
erblicken.

02 Mit nur einer Amme ist es nicht genug.
Zwillingsmädchen wirst du bald gebären.
Fortuna macht bisweilen diesen Zug.

03 Den Dieb wird man zusammen mit der Beute greifen.
Dem Tod am Galgen wird er nicht entgehen.
Das sind die Früchte, die aus schlechtem Samen reifen.

04 Spare nicht und geh das Unternehmen an.
Vergeude keine Zeit. Ich bin mir sicher,
dass dieser Bau dir reichen Segen bringen kann.

05 Der Gunst wirst du dich niemals mehr erfreuen.
Wer die reife Frucht nicht zeitig pflückt,
schadet nur sich selbst und wird's bereuen.

06 Dies Leiden ist ganz sicher unheilbar.
Du magst kurieren und spendieren nach Belieben,
das ist auf jeden Fall dein letztes Jahr.

07 Ein Mädchen wird es, da ist nichts zu wollen.
Und zuzuschreiben ist es deinem Mann.
Gott mag ihm dafür Anerkennung zollen.

08 Das Diebesgut kehrt bald zurück in deinen Schoß.
Doch leider nicht mehr so, wie es zuvor noch war.
Wen es einmal heimsucht, den lässt das Pech nicht los.

09 Dieses Bauwerk bringt dir viel Gewinn.
Nimm es rasch und couragiert in Angriff
und gib dich ihm mit Leib und Seele hin.

10 Gut gemeinte Worte und geneigtes Handeln
bringen dir den Frohsinn und die Gunst zurück.
Die Situation wird sich zum Guten wandeln.

11 Von Tag zu Tag geht es ein Stück bergab.
Weil du nicht auf die Gesundheit achtest,
schreitest du auf diesem Weg ins Grab.

12 Ein Mädchen wird's und über dieses Kind
freuen sich die Mutter und der Vater.
Fortuna ist ihr ausgesprochen wohlgesinnt.

13 Das Diebesgut ist futsch, oh welch Malheur.
Wer dich beraubt hat, zeigt sich als dein Freund.
Wenn du nicht achtgibst, klaut er dir noch mehr.

14 Lass die Zeit nicht tatenlos verstreichen.
Fang an, mein Freund, und leg dich ins Geschirr.
Dieser Bau wird dir zum Ruhm gereichen.

15 Der liebe Gott wird dir den Wunsch erfüllen.
Dank deiner guten Taten kehrt die Gunst zurück.
Sie ist dir förderlich und wirkt im Stillen.

16 Die Krankheit wirst du nicht mehr überstehen.
Es tut mir leid, dir dieses mitzuteilen.
Wenn Gott es will, dann ist es Zeit zu gehen.

17 Lang und schmerzensreich für den Patienten
ist die Krankheit. Doch dank guter Kuren
wird sein Weg noch nicht im Jenseits enden.

18 Hübsch und klug und tugendhaft wächst sie heran.
Ihre Niederkunft steht unter einem guten Stern.
Zur Ehefrau nimmt sie ein wunderbarer Mann.

19 Vernimm die Kunde, die ich dir hiermit erzähle:
Was dir abhanden kam, bekommst du wieder.
Bald legt sich die Schlinge um des Diebes Kehle.

20 Die Zeit ist reif für diesen Bau, ganz unbedingt.
Nimm ihn in Angriff, führe ihn zu Ende,
auch wenn er einen Batzen Geld verschlingt.

21 Eines ist gewiss und kann nicht anders sein:
Wenn jemand Gunst gedankenlos verspielt,
dann ist es aus mit eitel Sonnenschein.

22 Weil er Wirres redet und sich arg verrenkt,
muss ich leider sagen, und das ist bekannt:
Der Kranke wird von einer bösen Macht gelenkt.

23 Ein Mädchen naht, doch lass dich nicht betrüben.
Geschickt und tugendreich wird sie im Leben sein.
Reichtum und noch mehr die Ehre wird sie lieben.

24 Zu deinem Kummer bleibt dir nur der Schaden.
Was dir abhanden kam, bekommst du nicht zurück.
Den Täter wird man andernorts zum Galgen laden.

25 Der Zeitpunkt ist in jeder Hinsicht gut.
Die Sterne sind in aussichtsreicher Position.
Beginn den Bau mit Können, Geist und Mut.

26 Der Diebstahl wird geklärt in einer Art,
wie du es keineswegs erwartet hättest.
Den Tätern bleibt die Strafe nicht erspart.

27 Du solltest mit dem Bauen gleich beginnen.
Spare nicht, der Himmel meint es gut mit dir.
Auf diese Weise kannst du nur gewinnen.

28 Weil man gut und anerkennend von dir spricht,
kehrt die Gunst, die du verloren hast, zurück.
Sei fortan klüger und verspiel sie nicht!

29 Experten brauchst du nicht um Rat zu fragen,
du wirst auf jeden Fall gesund. Ansonsten
würden dich die Füße nicht mehr lange tragen.

30 Schon ausgebildet sind die Augen und die Ohren.
Ein Mädchen bringst du dieses Mal zur Welt.
Doch schon nach kurzer Zeit ist sie verloren.

31 Deinen Reim kannst du dir darauf machen,
du kannst suchen, du kannst fragen, wie es dir beliebt.
Auf Nimmerwiedersehen fort sind deine Sachen.

32 Der Hausbau ist fürs Erste gut gestartet.
Zugleich mit ihm wächst auch dein Hochgefühl.
Kein Zweifel, dass noch große Ehre auf dich wartet.

33 Von der Gunst ist nicht mehr viel zu merken.
Doch sie kehrt wieder, wie sie vorher war.
Die Liebe wächst und wird sich noch verstärken.

34 Eine Zeit lang wird es ihm erbärmlich gehen.
Mit Müh und Not kann er dem Tod entkommen.
Danach wird er gesund im Leben stehen.

35 Danke Gott. Er wird dir einen Sohn bescheren
und ihn mit Güte und mit Weisheit segnen.
Man wird ihn als Berater sehr begehren.

36 Auf einem Umweg kommt es dem Gericht zu Ohren.
Jedoch zu spät, um irgendetwas noch zu retten.
Dein Hab und Gut ist hoffnungslos verloren.

37 Jetzt ist es Zeit, das Bauwerk zu beginnen.
Es reißt dir zwar ein Loch in deinen Säckel,
doch viele Freunde wirst du dir damit gewinnen.

38 Du solltest in den Hausbau investieren.
Er wird dir Glanz, Gewinn und Ehre bringen.
Es gilt jetzt keine Zeit mehr zu verlieren.

39 Das Vertrauen wirst du bald zurückerhalten.
Die Gunst wird größer werden als zuvor.
Sieh zu, dich immer ehrlich zu verhalten.

40 Sehr bedrohlich waren die Beschwerden.
Der Kranke wird sich aber bald erholen
und wieder ganz der Alte werden.

41 Sei bereit, dich in dein Schicksal zu ergeben.
Mutter eines Mädchens wirst du werden.
Doch leider wird es nicht sehr lange leben.

42 Unwiederbringlich futsch sind deine Sachen.
Der Täter hat die Beute schon versteckt
und lässt sie obendrein noch gut bewachen.

43 Bau dieses Jahr noch nicht, das rate ich dir sehr.
Sonst wird dir alles, was du tust, misslingen.
Was man sich selber einbrockt, schmerzt nur umso
mehr.

44 Die Gunst hast du verloren, verzage aber nicht.
Es wir schon wieder werden, wie es war.
Gute Aussaat reichlichen Ertrag verspricht.

45 Du wirst es überstehen, ein Wunder scheint's fürwahr.
Wer dich kurierte, hatte keinen Schimmer.
Bedank dich bei Fortuna, dass sie gnädig war.

46 Ein Mädchen wird geboren unter Schmerzen.
Die werden sich als segensreich erweisen.
Sie wird zu einer schönen Frau mit reinem Herzen.

47 Sei unbesorgt, denn diesmal hast du Glück.
Dem Dieb legt man die Schlinge um den Hals,
die Beute aber kehrt zu dir zurück.

48 Beginn den Bau und führe ihn entschlossen aus.
Sei generös und spare keinesfalls am Geld.
Dann steht dir Segen und Gewinn ins Haus.

49 Das Vertrauen ist endgültig auf und davon.
Glaub nicht, es jemals wiederzuerlangen.
Es ging dahin in einer üblen Situation.

50 Das letzte Stündlein kannst du zwar vermeiden,
die Krankheit wird dich aber arg traktieren.
Darunter wirst du bis zur Weihnacht leiden.

51 Such einen schönen Namen für den Jungen.
Hübsch und tüchtig und voll Anstand wird er sein,
gütig und von Herzlichkeit durchdrungen.

52 Du wirst zurückerhalten, was man dir genommen.
Doch gib in Zukunft besser darauf acht,
sonst wird es bald viel schlimmer kommen.

53 Zum Bauprojekt, mit dem du just beschäftigt bist,
kann ich dir zuverlässig prophezeien,
dass jetzt der beste Zeitpunkt dafür ist.

54 Die Gunst, die dir viel wert war, ist verscherzt.
Sie kommt auf keinen Fall mehr wieder und ich sehe,
dass dir das leid tut und dich heftig schmerzt.

55 Mit Mühe wird er dieses Leiden überstehen.
Doch bis zur Heilung ist es noch ein weiter Weg.
Bis dahin kann er nur mit fremder Hilfe gehen.

56 Ein schönes Mädchen ist in deinem Schoß bereit.
Sie wird dereinst von vielen Menschen sehr geliebt.
Ich hoffe, dass dich diese Nachricht freut.

VOLLENDET IN PERUGIA

ALEXANDER ROSENSTOCK

Lorenzo Spiritos Schicksalsbuch

Wenn sie die Lose wechselt mit der stolzen Hand,
Und laut aufbrausend tobt gleich wie der Euripus,
Tritt sie die Könige, eben drohend noch, zu Staub …

Boëthius, Trost der Philosophie[1]

Das Schicksal

Das Schicksal ist ein mieser Verräter ist der Titel eines vielgelesenen Jugendromans, eines Bestsellers, der tragische und komische Motive kunstvoll in eine Geschichte verwebt. Ein mieser Verräter? Das mag es zuweilen auch sein. Doch was ist das Schicksal, allgemein gedacht und vom jeweils individuellen einmal abgesehen? Im Deutschen hat das Wort „Schicksal" zwei ganz unterschiedliche Bedeutungen, für die beispielsweise das Lateinische zwei Wörter hat: *fatum* und *sors*. Von ersterem hat der portugiesische *Fado* seinen Namen, es bezeichnet das unausweichliche, das tragische Schicksal, dem der Fatalist sich nur hingeben kann. Zweiteres, wenn nicht fatalistisch gedacht, meint im Lateinischen

1 Boëthius: Trost der Philosophie. Übersetzt und mit einem Nachwort versehen von Kurt Flasch. München 2005, S. 29.

das zufällige Schicksal, den Zufall, das, was uns im Guten wie im Schlechten unvorhersehbar zufällt.

Zufällig oder unausweichlich?

Wenn nun das Schicksal, sei es *fatum* oder *sors*, unser Lebensgefühl bestimmt, sei es realiter oder im Roman oder auf der Bühne, ist es entweder Tragödie oder Komödie. Was in der Tragödie geschieht, das geschieht zwangsläufig, die tragischen Helden können, so wie ihre Charaktere angelegt sind, gar nicht anders handeln, als sie handeln: Antigone kann nicht zulassen, dass ihrem Bruder das Begräbnis vorenthalten wird, und ihr Onkel Kreon kann nicht anders, als der Nichte gegenüber die Staatsraison walten zu lassen. In der Tragödie hat, zumindest ihrer klassischen Theorie nach, der Zufall keine Bedeutung:

> „So weit wären wir also: Das Uhrwerk ist aufgezogen. Jetzt schnurrt es von allein ab. Das ist das Praktische bei der Tragödie. Ein kleiner Stubs mit dem Finger und die Sache läuft. ...
> Es ist schon eine feine Sache, die Tragödie. Sie ist eine feste, totsichere Angelegenheit."[2]

Schicksal und Glück

Fatum oder *sors* – nur wenn wir in der (vermeintlichen) Gewissheit leben, dass alles, aber auch wirklich alles, was uns und um uns herum geschieht, vorherbestimmt ist, sei es durch die Götter oder durch die Sterne, hat diese Unterscheidung keinen rechten Sinn mehr – die Komödie auch nicht. Dann ergibt auch das Spiel keinen Sinn mehr, sofern es ein Spiel mit dem Glück ist: Verliere ich beim Schachspiel, dann dürfte das an meinem Mangel an Können, an Übung, ja an Intelligenz (was immer das genau sein mag) liegen. Kommen jedoch beim „Mensch ärgere dich nicht!" gerade meine Figuren nicht vom Fleck, werden ständig überholt oder auf die Startposition zurückgeworfen, war das Würfelglück ungnädig mit mir, dann hatte ich keine *fortune*.

Das Los des Boëthius

Synonym mit dem Schicksal ist das „Los", das mit dem deutschen Wort „Schicksal" die doppelte Bedeutung von *fatum* und *sors* teilt. Der eine zieht in der Lotterie auf dem Rummelplatz, im Lotto oder im übertragenen Sinne im Leben „das große Los", ein anderer trägt „ein schweres Los", das er, so in etwa wie Nietzsches tragischer Esel, nun wie eine Last zu tragen hat, die er weder tragen noch abwerfen kann. So mag sich der römische Denker und Staatsmann Boëthius (480–524 n. Chr.) gefühlt haben: Er hatte zunächst unter Theoderich dem Großen eine steile Karriere bis in das höchste Staatsamt gemacht, wurde dann jedoch des Verrates beschuldigt, verurteilt und schließlich hingerichtet. Höher als er konnte man nicht steigen und tiefer fallen als er auch nicht. Dieses jähe Schicksal ertragend verfasste er im Gefängnis die Schrift *Trost der Philosophie*. Der Text handelt von einer Dame namens

2 Anouilh, Jean: Antigone. Tragödie. Übersetzt von Franz Geiger. Freudenstadt 1946, S. 51.

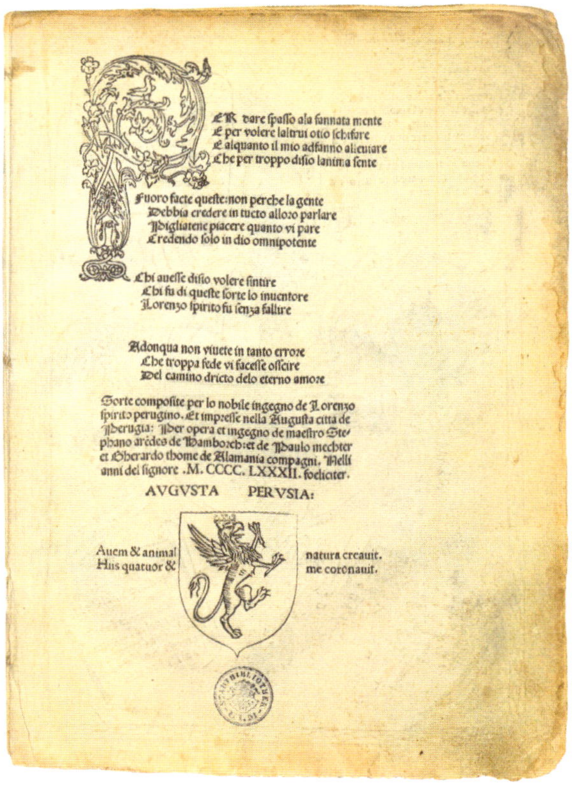
PER dare spasso ala sannata mente
E per volere laltrui otio schifare
E alquanto il mio adfanno alleuiare
Che per troppo disio lanima sente

Fuoro facte queste: non perche la gente
Debbia credere in tucto alloro parlare
Pigliatene piacere quanto vi pare
Credendo solo in dio omnipotente

Chi auesse disio volere sintire
Chi fu di queste sorte lo inuentore
Lorenzo spirito fu senza fallire

Adonqua non viuete in tanto errore
Che troppa fede vi facesse oscire
Del camino dricto delo eterno amore

Sorte composite per lo nobile ingegno de Lorenzo spirito perugino. Et impresse nella Augusta citta de Perugia: Per opera et ingegno de maestro Stephano arēdes de Hamborch: et de Paulo mechter et Gherardo thome de Alamania compagni. Nelli anni del signore .M. CCCC. LXXXII. foeliciter.

AVGVSTA PERVSIA:

Auem & animal natura creauit.
His quatuor & me coronauit.

Verleger und dem Drucker kennt jene Zeit noch nicht. Außerdem verrät die Seite Ort und Jahr des Druckes: Perugia 1482. Es handelt sich um ein *libro delle sorti*, um ein Buch der nicht vorhersehbaren Schicksale, wie Boëthius sie thematisiert und sie dem Wirken der Fortuna, der Schicksals- oder Glücksgöttin anheimstellt.

Das Rad der Fortuna

Fortuna verteilt nicht nur das Glück, sie entzieht es auch:

> „Dies ist unsere Macht, dies ununterbrochene Spiel spielen wir, wir drehen das Rad in kreisendem Schwunge, wir freuen uns, das Tiefste mit dem Höchsten, das Höchste mit dem Tiefsten zu tauschen. Steige aufwärts, wenn es dir gefällt, aber unter der Bedingung, dass du es nicht für ein Unrecht hältst, herabzusteigen, wenn es die Regel meines Spiels fordert."[6]

Das Rad der Glücksgöttin Fortuna, die *rota fortunae* ist ein im Mittelalter gängiger literarischer und kunstgeschichtlicher Topos. Es ist kunstvoll ausgeführt im Marmorboden des Doms von Siena verewigt, es erscheint in der letzten Szene des zweiten Aktes von Rossinis Oper *La Cenerentola* (*Aschenputtel*) und gelegentlich auch in der Malerei der Gegen-

6 Boëthius (wie Anm. 1), S. 30.

wart[7]. Die Vorstellung von Fortuna, die das Rad unseres Schicksals gnadenlos dreht, ist nur ein Beispiel für das bedeutsame Wirken des Boëthius, des außergewöhnlichen Gelehrten der Spätantike, auf Mittelalter und Neuzeit. Und: Wir finden es auch auf der Rückseite des Titelblatts unseres Ehrfurcht erregenden alten Losbuches.

Dort hat der Holzschneider rund um das Rad 20 Fragen platziert sowie vier Figuren – tatsächlich ist es eine Person in vier Lebenslagen: der aufstrebende Jüngling, der stolze König im Zenit, der haarsträubend stürzende Mann und der von Fortuna in den Staub Getretene. Dass der Holzschneider dem König neben seinen Insignien – Krone und Zepter – auch Eselsohren zugedacht hat, ist einzigartig im Vergleich zu zeitgenössischen Darstellungen, übrigens auch im Vergleich zu Lorenzo Spiritos handschriftlicher Vorlage. Hat der Holzschnittkünstler Boëthius besonders tief verstanden? Die Eselsohren kennzeichnen den Narren, der sich seiner allzu sicher ist, weil er das Spiel, das Fortuna mit ihm spielt, nicht durchschaut. Vielleicht verweisen die Eselsohren auch auf die satirische Konnotation dieses Würfellosbuches zwischen ernsthafter Wahrsagerei und Wahrsage*spiel*.

Der Begriff „Losbuch“

Bücher dieser Art nennt die Wissenschaft „Losbücher“ – sie handeln als *libri delle sorti* vom Los als dem eher zufälligen Schicksal, das nicht vorhersehbar und oft gleichwohl erbarmungslos ist. Die Gattung der Losbücher umfasst, wie Gattungen es nun einmal zu tun pflegen, verschiedene Arten. Diese Arten können nach unterschiedlichen Gesichtspunkten bestimmt werden: nach intentionalen – was will der Autor dem Leser bieten? – oder nach funktionalen – wie funktioniert das Losbuch? Die Unterscheidung nach der Absicht ist entweder religiös-kontemplativ oder aber zukunftserforschend, wahrsagend. Nicht immer ist die Unterscheidung eindeutig zu treffen, sei es, weil der Autor mehrere Zielgruppen ansprechen wollte oder weil er sein Werk als Spiel tarnt, um dem Verdikt der Wahrsagerei zu entgehen. Wie dem auch sei: In allen Fällen kommt ein Zufallselement ins Spiel, entweder durch eine bewegliche Scheibe, ein drehbares Glücksrad oder aber durch Würfel, in der Regel drei. In letzterem Falle sprechen wir von einem Würfellosbuch. Der Zufall gibt dem Spiel die Spannung und aber dem esoterischen Treiben den übersinnlichen Beistand. Ein Losbuch ist demnach ein „Schicksalsbuch“ bzw. ein „Buch der Schicksale“. Der Vollständigkeit halber sei angemerkt, dass die Gattung der Losbücher sowohl *libros sortium* als auch, in wenigen handschriftlichen Überlieferungen *libros fatorum* kennt.

Vom Spielen

Beides, Wahrsagerei und Spiel sind so alt wie die Menschheit. Spielen heißt, sich die Zeit zu vertreiben, sich den Anforderungen des Alltages zu entziehen. In der konfessionell

7 Tennigkeit, Alex: Hedonic wheel of fortune (Drift). Öl auf Leinen, 2014, in: Entfesselt. Malerinnen der Gegenwart. Ravensburg 2017, S. 88 f.

geprägten Tradition galt das Spielen aus moralischen Gründen als höchst verwerflich, freilich, um das Schlimmste zu verhindern. Doch gespielt hat der Mensch schon immer. Der spielende Mensch, der *homo ludens* ist zugleich das Lebewesen, das nicht nur in der Zeit existiert, entsteht und vergeht, wie andere Lebewesen auch; er ist das Lebewesen, das um seine Zeit weiß, Uhren baut, ein Wesen, das Zeit *hat* (und deshalb zumeist nicht). Neben der Leiblichkeit und der Sprachlichkeit ist die Zeitlichkeit die dritte anthropologische Konstante, die das Menschsein ausmacht. Der Mensch ist ein Wesen in der Zeit und ein Wesen mit dem Bewusstsein für seine Zeit. Nicht zufällig trägt Martin Heideggers anthropologisches Hauptwerk den Titel *Sein und Zeit*. Wenn also Spielen und Wahrsagen, weil gleichermaßen in der Zeitlichkeit begründet, darin gewissermaßen geschwisterlich verbunden sind, gilt dies mit der halbgeschwisterlichen Einschränkung auch für die utopische Erzählung: Die Utopie, insbesondere Thomas Morus' *Utopia* sei, so George Minois, „die uneheliche Tochter der Prophetie und der rationalen Philosophie".

Ein Wesen, das sich seiner Zeit bewusst ist, will – selbstverständlich – wissen, was aus ihm wird, was die Zukunft ihm bringt, was ihm „blüht". Zu dumm nur, dass dieses Wissen in Staat und Religion allzu oft den Göttern oder aber ihren Priesterinnen und Priestern vorbehalten gewesen ist. Doch gegen Neugier ist noch kein Kraut gewachsen, gegen den Aberglauben, der ja stets das ist, was die anderen glauben, übrigens auch nicht. Sofern dieses Bestreben sich in schriftlichen Quellen niedergeschlagen hat und tradiert wurde, spricht die Literaturgeschichte seit etwa 1850 von Losbüchern. Bevor solche gedruckt wurden, gab es bereits eine handschriftliche Tradition, die teilweise erhalten geblieben ist. Denn, wir erinnern uns: Die ersten mit beweglichen Lettern gedruckten Bücher setzen sowohl der Form als auch dem Inhalt nach die handschriftliche Tradition fort, von der sie sich erst im Laufe der folgenden 50 Jahre verselbstständigen.

Die Gattung der Losbücher

Für die Gattung der Losbücher ist sowohl die Quellenlage als auch die Sekundärliteratur vergleichsweise sehr übersichtlich. Daniel F. Sotzmann (1781–1867) hat diese Art von Büchern zum Gegenstand der Forschung gemacht, dazu selbst auch einiges beigetragen und wichtige Fragen formuliert, darunter die Frage nach der ersten Auflage des Losbuches von Lorenzo Spirito, das ihm immerhin als ein bemerkenswerter Titel in dieser Gattung geläufig war. Der zweite Losbuchforscher, an dem niemand vorbeikommt, der sich mit diesem Thema ernsthaft befasst, ist Johannes Bolte (1858–1937).
Das Ulmer Exemplar unseres Losbuchs wird erst im Jahre 1910 als Unikat der ersten Auflage von 1482 bestimmt. Sowohl um das betreffende Jahr als auch um die Frage des Unikats hatte es derweil seltsame Vermutungen, Gerüchte und Legenden gegeben. Belegbar ist, dass es bis ins späte 17. Jahrhundert hinein insgesamt 50 Auflagen in verschiedenen Sprachen gegeben hat. Kein anderer Titel dieser Gattung war annähernd so

erfolgreich und ist es über mehr als zwei Jahrhunderte geblieben wie der Lorenzo Spiritos. Was hatte dessen Buch den anderen voraus, worin war es überzeugender, attraktiver, was konnte es besser?
Sicher ist, dass das Medium „Losbuch" mit unterschiedlichen Intentionen eingesetzt wurde: zu religiös-meditativen oder esoterisch-wahrsagenden Zwecken, als Zeitvertreib, als Gesellschaftsspiel einer des Lesens mächtigen, also wohlhabenden Gesellschaftsschicht. In den beiden letzteren Fällen war es allemal besser, wenn man sich tarnen und damit der Kritik entgehen oder entgegnen konnte. Aber auch die Tarnung als harmloses Spiel – wie Lorenzo Spirito es in der ersten Zeile auf der ersten Seite macht: „Per dare spasso alla fannata mente" (um aufzuheitern das bedrückte Gemüt) – war heikel. Denn auch das Spielen, der Zeitvertreib, galt als moralisch verwerflich, als Sünde, insbesondere das Würfelspiel, das vielfach verurteilt und bekämpft wurde und vielleicht gerade auch daraus wiederum seinen Reiz bezog.

Lorenzo Spiritos Losbuch

Lorenzo Spiritos Losbuch von 1482 ist das erste gedruckte Würfellosbuch überhaupt. Ihm voraus gingen zwei handschriftliche Exemplare des Verfassers selbst, wovon eines dem Erstdruck als Vorlage diente und vermutlich auch im Zuge der Drucklegung verloren ging. Das zweite Exemplar, nach seinem eigenen Vermerk die eigenhändige Abschrift Lorenzo Spiritos, und Anfang Januar 1482 fertiggestellt, wird heute in der Biblioteca Nazionale Marciana in Venedig aufbewahrt. Das einzige erhaltene Exemplar dieser ersten Auflage gelangte Mitte des 17. Jahrhunderts – von wo und wie wissen wir nicht – in den Besitz des Ulmer Patriziers, Italienreisenden, Büchersammlers, Juristen und Verwaltungschefs im großen Ulmer Territorium, Erhard Schad (1604–1681). Schad war ein belesener, ein gelehrter Mensch, der mit seiner rund 14.000 Titel umfassenden Bibliothek gearbeitet hat. Er hat diese umfangreiche Bibliothek selbst verwaltet und von ihr mit eigener Hand einen Katalog angelegt. Seinem Testament gemäß – wenn die Familie keinen männlichen Nachkommen mehr habe – ging dieser beachtlich große und inhaltlich reiche Bücherschatz im Jahr 1826 in das Eigentum der Stadt Ulm und somit in den Bestand der Stadtbibliothek über. Dies ist alles andere als selbstverständlich, war es doch zu allen Zeiten üblich, dass die Nachkommen das Büchererbe zu Geld machten und gewachsene, vergleichbar bedeutende Bibliotheksbestände in alle Winde zerstreut wurden. Die Sammlung Schad ist zahlenmäßig die größte, die den historischen Buchbestand der Ulmer Bibliothek bereichert hat, und diese verdankt dieser Sammlung die meisten ihrer besonders seltenen und wertvollen Stücke.

Lorenzo Spirito, der Autor

Was wissen wir über den Verfasser? Mit bürgerlichem Namen hieß er Lorenzo Gualtieri. Er wurde zwischen 1422 und 1425 in Perugia als Sohn eines Notars geboren. Zunächst stand er im militärischen Dienst des Condottiere Niccolò Piccinino († 1444), eines bezahlten Söldnerführers, und von dessen Sohn Jacopo. Nach der Heimkehr nach Perugia 1454 übernahm er in seiner Heimatstadt öffentliche Aufgaben. Erst jetzt begann er zu schreiben und Miniaturen zu malen. Die zweite Übersetzung der *Metamorphosen* des Ovid ins Italienische stammt aus seiner Hand. Er war ein Mann des Humanismus. Kein Zufall also, dass Boëthius ihm geläufig war. Lorenzo Spirito starb am 1. Mai 1496 in Perugia.

Steffen Arndes, der Drucker

Nicht weniger Aufmerksamkeit verdient der Drucker unseres Losbuches. Zwar werden auf dem Titelblatt drei Personen genannt, von zweien – Paul Mechter und Gerhard Thomae – wissen wir jedoch tatsächlich nicht mehr als ihre Namen. Das Wirken des im Text Erstgenannten, „maestro Stephano Arndes de Hamborch“ hat die buchgeschichtliche Forschung gut beleuchtet: Aus Hamburg stammend, erscheint er in den historischen Quellen zeitweise als „Stephano de Moguntia“, als Stephan von Mainz. Sein Können als Drucker mag er im Dunstkreis von Gutenbergs Schülern erworben haben, bevor er nach Perugia ging. Denn in Italien war der Humanismus und damit das Interesse an den Schriften aus antiker Zeit seit der Mitte des 14. Jahrhunderts bereits entwickelt. Für das neue Medium „gedrucktes Buch“ gab es einen Markt und für einen ambitionierten Drucker zu tun. Lorenzo Spiritos Losbuch von 1482 ist sein letztes Werk in Perugia. 1485/86 druckt Arndes in Schleswig, und ab 1486 bis zu seinem Tod 1520 fertigt er in Lübeck Meisterwerke der Buchillustration an, deren Anblick uns heute noch fasziniert.

Der unbekannte Künstler des Holzschnitts

Welchem Künstler das Losbuch seine großartigen Holzschnitte verdankt, mit denen es immer wieder die Aufmerksamkeit der Kunsthistoriker auf sich gezogen hat, ist nicht bekannt. Sie haben vermutlich den Ulmer Patriziersohn und Büchersammler Erhard Schad beeindruckt, dessen Schwäche für schöne Bücher belegt ist.
Nachweislich mehrmals studiert hat die Holzschnitte der Privatgelehrte und Kunsthistoriker Aby Warburg, den astrologisch-kosmologischen Vorstellungen der Renaissance auf der Spur, deren Bedeutung er als erster thematisierte.

Literarische Spuren

Frühe Hinweise und zahlreiche Bezüge auf Lorenzo Spiritos Losbuch liefert uns die Literaturgeschichte. Im Fasching ist manches erlaubt, was in der übrigen Zeit des Jahres verboten ist. So beobachtet der Mathematiker Niccolò Tartaglia (1500–1557) am Faschingsdienstag 1523 eine Gruppe von Personen mit (vermutlich) diesem Losbuch, die drei Würfel warfen. Drei Würfel ergeben 56 verschiedene Kombinationen. Den Beobachter interessierte nicht, ob dieses Tun statthaft sei oder nicht – ihn interessierte die mathematische Formel, die zu diesem Ergebnis führt – unabhängig von der Anzahl der verwendeten Würfel, und seien es 10.000! Am folgenden Morgen hatte er die Lösung parat, nachdem er die ganze Nacht *tanto freneticando* darüber nachgedacht hatte. Tartaglia schildert uns die Szene in Verbindung mit seiner Lösung, die als Formel für die *Kombination mit Wiederholung* in die Geschichte der Mathematik eingegangen ist.

In Sachen Mathematik hatte Tartaglia einen Konkurrenten, Geronimo Cardano (1501–1576), mit dem er sich sogar vor Gericht wegen der Urheberschaft mathematischer Einsichten stritt. Cardano, dem wir übrigens die Kardanwelle verdanken, hat seiner eigenen Beschreibung zufolge – *harum sortium librum, planetis animalibusque signiferis, tum regisbus ac prophetis* – „dieses Losbuch mit Planeten, Tieren, Tierkreiszeichen, Königen und Propheten“ besessen. Er war ein wissenschaftliches Multitalent, außer Mathematiker auch Astrologe und ein Spieler, der eine Wahrscheinlichkeitsrechnung zu einem Würfelspiel namens *sors* entwickelte. Das gibt eine Ahnung davon, in welchen Kreisen Lorenzo Spiritos Losbuch geläufig war. Nicht ausgeschlossen, dass es auch anderen, die auch als Astrologen ihr Geld verdienten, als Geschäftsgrundlage diente. Manch ein überneugieriger Reicher dürfte auf diese Weise geschröpft, manch armer Teufel übers Ohr gehauen worden sein. „Vom Wahrsagen läßt sich's wohl leben in der Welt, aber nicht vom Wahrheit-Sagen“, merkte Georg Christoph Lichtenberg an.[8]

8 Lichtenberg, Georg Christoph: Sudelbücher. Hrsg. v. Franz H. Mautner. Frankfurt am Main 1983, S. 405 [J 765]

Thomas Morus (1478–1535), der Erzkanzler Heinrichs VIII., erlitt ein Schicksal, das dem von Boëthius glich: Auch er war hochgelehrt und in höchstem Staatsamt, Briefpartner des Erasmus von Rotterdam, bevor er in Ungnade seines Königs und sein Kopf unter dem Beil fiel. Ein ihm zugeschriebener Text wurde verstanden als Vorwort zu einer englischen Ausgabe unseres Losbuches, die dann nicht erschienen oder aber nicht (mehr) nachweisbar ist. Fünf Jahre nach Morus' Tod erschien 1540 *The boke of the fayre gentylwoman that no man shulde put his truste, or confydence in, that is to say, Lady Fortune* – da ist sie wieder, die Fortuna des Boëthius! Nicht ausgeschlossen, aber auch nicht belegt ist indes, dass der posthum erschienene Text eine Meditation des Humanisten Morus auf den ihm sicherlich geläufigen Text von Boëthius darstellt, schließlich teilte Morus dessen Schicksal. Genauso wenig auszuschließen ist freilich, dass die Verbindung zu einem Losbuchdruck dem Reich der nachträglichen Legendenbildung angehört.

Auch in der französischen Hochliteratur findet sich ein Hinweis auf unser Losbuch: François Rabelais (ca. 1490–1553), der bedeutendste Prosaautor der französischen Renaissance, veröffentlichte 1546 den dritten Band seines insgesamt fünfbändigen humoristischen Romanzyklus *Gargantua und Pantagruel* und meint darin: „Es sei „unstatthaft, die Zukunft mit dem Würfelbecher zu erkunden“. Der Verdacht ist wohlbegründet, dass er sich dabei auf ein Exemplar von Lorenzo Spiritos Losbuch bezog.

Losbücher in der Kritik

Mit seinem kritischen Blick auf das Wahrsagetreiben mit unserem Würfellosbuch ist Rabelais unter den Zeitgenossen nicht alleine. Lorenzo Spiritos Losbuch war bisher noch nie ins Deutsche übertragen worden. Es gab, soweit die gedruckten Quellen reichen, insbesondere im deutschen Sprachraum viele abwehrende Äußerungen gegenüber dem höchst verderblichen Losbuchwesen. Ein früher Kritiker ist Johannes Hartlieb (ca. 1400–1468), Arzt und Berater am Wittelsbachschen Hof in München. So dezidiert seine Kritik an Magie und Wahrsagerei ausfällt, ist ihm zu unterstellen, dass er sich damit sehr gut auskannte, möglicherweise aufgrund eigener Affinität zu diesen Themen. In seinem *Buch aller verbotenen Künste* aus dem Jahr 1456 führt er über die Losbücher aus:

> „Man kennt jene verbreitete Art von Büchern, die man Losbücher nennt. Teils wirft man dabei die Würfel, teils kommt es auf das Berechnen einer bestimmten Zahl an. Mit dieser Zahl sucht man dann im Buch die Antwort auf die Frage auf, um die der Betreffende gebeten hat, sei es nun über Frauen, Tiere, den Erwerb von Amt und Würden oder sonstigem; auch ob ein Kranker sterben oder genesen werde, ob sich eine Not ankündige, ob man in dieser oder jener Angelegenheit Glück haben werde. Das Böse hat die Fragen, die in diesen Büchern verzeichnet sind, so vielfältig eingerichtet, dass es tatsächlich keine Angelegenheit in der Welt gibt, die man nicht in ihnen wiederfindet. Hat man seine Frage ausgesucht, gelangt man danach an einen Weisen, der verweist wieder an einen Richter, und dieser beantwortet schließlich die gestellte Frage. Das alles ist Aberglaube und sehr gegen Gott, denn es hat weder eine geistliche noch eine natürliche Grundlage und ist von der heiligen Kirche in den Dekreten streng verboten."

1482 warnt Hartlieb in anderem Zusammenhang und umso deutlicher vor dem Losbuchunwesen:

> „Es ist auch kein weib in diser welt lebent, sy seÿ keyserin oder künigin, sy vertreib ir zeit mit heÿd[ni]schen sitten und mit ungelauben. Als mit weissagen mit vogelgesang mit loßbůchern mit glückscheÿben und mit alten zaubererin und sy treiben czu allen zeiten zauwereÿ."

Bei dieser Kritik geht es also um die Abwehr mantischer Praktiken, Magie und Wahrsagerei, nicht etwa um moralisch verwerflichen Zeitvertreib. Ulm gehört zu den Städten, in denen früh Bücher gedruckt werden, das erste in Ulm gedruckte Buch erschien im Januar 1473. Das zweite, im Februar 1473 in Ulm bei Johannes Zainer gedruckte Buch stammt vom selben Verfasser, dem Stadtarzt Heinrich Steinhöwel (1410/11–1478). Er hat den jungen Drucker Zainer von Augsburg nach Ulm abgeworben und mit den Aufträgen, die eine Druckwerkstatt ermöglichten, versorgt. Dieses zweite Buch also ist Steinhöwels *Deutsche Chronik*, nichts anderes als ein Geschichtsbuch in deutscher Sprache, das sich demnach an Nichtgelehrte wandte, die Bücher lesen und sich Bücher leisten konnten. Denn die Gelehrten lasen in lateinischer

Sprache. Über Papst Gregor VII., der seinen Kontrahenten Kaiser Heinrichs IV. im Winter 1076/77 zum Gang nach Canossa zwang, führt Steinhöwel aus:

> „Gregorius der vii. Anno D[omi]ni mlxxiiii saß xii jar ein monet [auf dem Stuhl Petri]. Er verbot alle loßbůcher, alle segen, und was sôlicher zobery und zipffelgloben waren."

Nun hat der Vatikan sicherlich auch zu jener Zeit zu Wahrsagepraktiken vorsorglich Stellung bezogen; allerdings hat Papst Gregor VII. sich tatsächlich mit Auseinandersetzungen, die wir heute unter dem Begriff *Investiturstreit* begreifen, in unseren Geschichtsbüchern verewigt. Doch die spätmittelalterliche Losbuchphobie seiner Zeit überträgt der Autor Steinhöwel auf die Person des hochpolitischen Papstes und knüpft damit zugleich an die Lebenswirklichkeit seiner Leserschaft an.

Mehr als drei Generationen später sind in Italien bereits 22 weitere Auflagen dieses Titels erschienen, 15 in Frankreich und vier in Spanien. Aus dem Jahr 1581 ist eine Losbuchkritik in deutscher Sprache überliefert, die erstmals auch Lorenzo Spiritos Werk namentlich nennt. Eingeweihten war es demnach auch in Deutschland geläufig. Es handelt sich um einen Text des französischen Staatstheoretikers Jean Bodin (1529/30–1596) aus dem Jahr 1586, den Johannes Fischart (1545–1591) übersetzt, inhaltlich bearbeitet und nach eigenem Urteil ergänzt:

> „Und solchen Aberglauben helffen dies lächerliche, vilmůßige Scribenten, welche gantze Scartecken De la Ventura, Libro del Sorte, glůckgůrtel und loßbůcher schreiben und malen, unter dem schein der kurtzweil bei dem Albern Vôlcklein erhalten und stärcken: Gleich wie ein Italiäner Lorenzo Spirto, der sich darbey gar witzig bedaucht, gethan, da er neben seinem Glůckrad und vil Regimenten Wurffeln und seltsamen Grillen krotestischen Basiliscen, Igelen, Scorpionen, Gebratenen Hertzen, Mörfinnen und Mörspinnen, die Heiligen Propheten, Patriarchen und Kônig aus der H. Schrift darunter einführet, welche den Fantastischen Glůckfragern und Circulziehern iren Fall oder Unglůckspruch sagen mussen. Heißt aber das die H. Schrift nicht zu Leichtfärtigkeyt gebraucht, ja gar zu verspotten dargestellet?"

Nicht nur, dass Lorenzo Spiritos Werk hier ausdrücklich als der Gipfel des Übels unter den Losbüchern genannt wird – über das Abergläubische hinaus werden zwei weitere Vorwürfe ausdrücklich formuliert: Das Wahrsagen erfolge unter dem Anschein der Kurzweil, d. h., es tarne sich als Spiel, das es in Wahrheit nicht sei; und es missbrauche die Autoritäten der Heiligen Schrift und verspotte sie auf diese Weise.

Die Kritik am Losbuch ist eine Kritik an der Wahrsagepraxis und an deren blasphemischen Kern. Bei Fischart begegnen wir immerhin auch dem beiläufigen Vorwurf an das Losbuch, sich als harmloser Zeitvertreib zu tarnen. Für den demütigen Christenmenschen jedoch bestand, zumindest in der Theorie, das Leben aus Beten und Arbeiten; sich die von Gott geschenkte Zeit zu vertreiben, zu spielen, war nicht vorgesehen. Friedrich

Schillers Vorstellung vom Menschen, der nur da ganz Mensch sei, wo er spiele, war auch in der Aufklärungszeit eine Provokation, zumal in den religiös-konservativ geprägten deutschen Ländern. Die Kritik am Zeitvertreib durch das Spielen hat eine Tradition, die mindestens so lang ist wie jene am Losbuch. Die Kritik richtete sich gegen alle Formen, insbesondere aber gegen das Kartenspiel und das Würfelspiel. Für Spielkarten wie für Losbücher galt gleichermaßen der Vorwurf, dass sie gleichermaßen zum Zeitvertreib und zur Wahrsagerei zum Einsatz kamen und dass beides in der Praxis mit fließendem Übergang geschah. Vom Tarot kennen wir noch heute beide Ausprägungen, Spielkarten zum Kartenspielen und zum Kartenlegen. Wir wissen von Losbüchern, die keine Würfellosbücher sind, aber umso mehr eine Verwandtschaft mit den Spielkarten haben.

Die deutsche Literaturwissenschaft tat sich lange Zeit schwer mit der Literaturgattung der Losbücher. Ihr haftete der Beigeschmack des allzu Trivialen an, die tradierte Kritik der Zeitgenossen wirkte in den nachgeborenen Gelehrten weiter. 1918 veröffentlicht und kommentiert Alfred Götze das *Straßburger Würfelbuch von* 1529. Er kommentiert Johann Fischarts Losbuchkritik von 1591 und führt zu Lorenzo Spiritos Werk aus:

> „Damit ist dieses älteste von allen gedruckten Losbüchern entschieden zu hart beurteilt. Es hat auf die Zeitgenossen tiefen Eindruck gemacht und in seiner Anlage durch immer neue Auflagen und Übersetzungen ganze Reihen späterer Losbücher bestimmt."

Die Auflagen

Insgesamt hat es 50 Auflagen von Lorenzo Spiritos Losbuch gegeben. Die beiden letzten wurden 1686 und 1698 unter dem Titel *The book of fortune* in England veröffentlicht. Ebenfalls im 17. Jahrhundert erschienen drei Ausgaben in flämischer Sprache, 1608, 1650 und 1661. Viermal wurde es in spanischer Sprache gedruckt, 1515, 1528, 1534 und 1535, und es war daher sicherlich auch in den südlichen, weil habsburgisch regierten spanischen Niederlanden, die weitgehend dem heutigen Belgien entsprechen, geläufig. Diese Ausgaben förderten vermutlich einen Druck in flämischer Sprache. In französischer Sprache hat der Titel insgesamt 17 Auflagen erlebt, die erste noch in der Inkunabelzeit, 14 im 16. Jahrhunderts und schließlich zwei im 17. Jahrhundert. Wir sehen, wie dieser Titel, ein früher Longseller, sich in Raum und Zeit durchsetzt, bis seine große Zeit schließlich vorbei ist, was zumindest in Italien und in Frankreich später war. Der italienische Buchmarkt hat das Buch bereits in der Inkunabelzeit viermal nachgedruckt und im 16. Jahrhundert weitere 18 Male, im 17. Jahrhundert nicht mehr. Eine deutschsprachige Ausgabe hat es nie gegeben, was zu Fragen und allenfalls zu Mutmaßungen Anlass gibt: War der deutsche Buchmarkt im 16. und 17. Jahrhundert zu sehr mit Fragen der Reformation und Gegenreformation befasst, als dass sich ein Drucker auf ein Unternehmen mit einem so tabubehafteten Titel eingelassen hätte? Oder stand den in konfessionellen Dingen befangenen Leserinnen und Lesern der Sinn nicht danach? Immerhin gab es 47 gedruckte Orakelbücher in deutscher

Re Alixandro
Va al segno del Ceruo
Re Latino
Va al segno del Dragone
Re Nino
Va al segno del Lione
Re Faraone
Va al segno del Cavallo
Re Ladislao
Va al segno del Cane
Re Porsenna
Va al segno del Porcho
Re Numma
Va al segno del Gallo
Re Desiderio
Va al segno de la Vergene
4

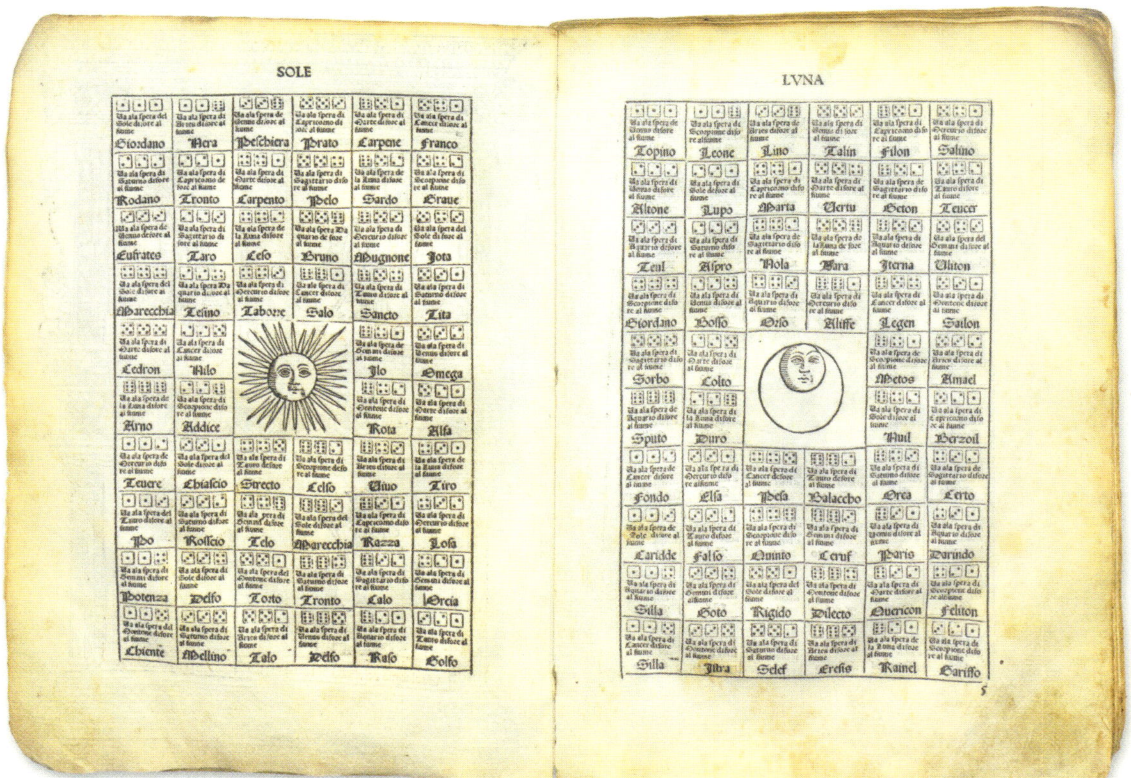
SOLE
LVNA
5

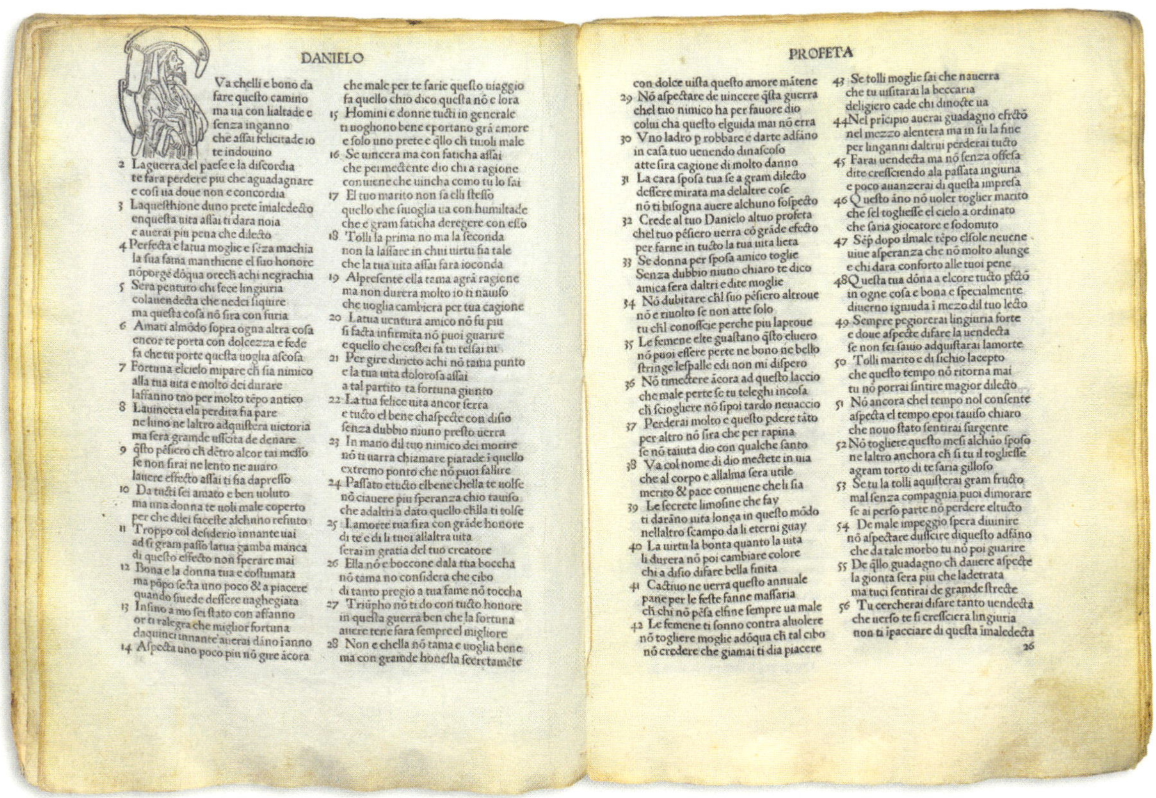

DANIELO PROFETA

Va chelli e bono da
fare questo camino
ma ua con lialtade e
senza inganno
che assai felicitade io
te indouino
2 La guerra del paese e la discordia
te fara perdere piu che aguadagnare
e cosi ua doue non e concordia
3 Laquesthione duno prete imaledecto
enquesta uita assai ti dara noia
e auerai piu pena che dilecto
4 Perfecta e latua moglie e sēza machia
la sua fama manthiene el suo honore
nōporgē dōqua orecħ achi negrachia
5 Sera penturo chi fece lingiuria
colauendecta che nedei siquire
ma questa cosa nō sira con furia
6 Amati almōdo sopra ogna altra cosa
encor te porta con dolcezza e fede
fa che tu porte questa uoglia ascosa
7 Fortuna elcielo mipare cħ sia nimico
alla tua uita e molto dei durare
laffanno tuo per molto tēpo antico
8 Lauinceta ela perdita fia pare
ne luno ne laltro adquistera uictoria
ma sera gramde uscita de denare
9 q̄sto pēsiero cħ dētro alcor tai messo
se non sirai ne lento ne auaro
lauere effecto assai ti fia dapresso
10 Da tucti sei amato e ben uoluto
ma una donna te uoli male coperto
per che dilei facesse alchuno refiuto
11 Troppo col desiderio innante uai
ad si gram passo latua gamba manca
di questo effecto non sperare mai
12 Bona e la donna tua e costumata
ma pōpo secta uno poco & a piacere
quando siuede dessere uaghegiata
13 Insino a mo sei stato con affanno
or ti ralegra che miglior fortuna
daquinci innante auerai dāno i anno
14 Aspecta uno poco piu nō gire ācora
che male per te sarie questo uiaggio
fa quello chio dico questa nō e lora
15 Homini e donne tucti in generale
ti uoghono bene e portano grā amore
e solo uno prete e q̄llo cħ tuoli male
16 Se uincera ma con faticha assai
che permectente dio chi a ragione
conuiene che uincha como tu lo sai
17 El tuo marito non sa elli stesso
quello che siuoglia ua con humiltade
che e gram faticha deregere con esso
18 Tolli la prima no ma la seconda
non la lassare in chui uirtu sia tale
che la tua uita assai fara ioconda
19 Alpresente ella tama agrā ragione
ma non durera molto io ti nauiso
che uoglia cambiera per tua cagione
20 La tua uentura amico nō fu piu
si facta infirmita nō puoi guarire
e quello che costei fa tu tel sai tu
21 Per gire diricto achi nō tama punto
e la tua uita dolorosa assai
a tal partito ta fortuna giunto
22 La tua felice uita ancor serra
e tucto el bene chaspecte con disio
senza dubbio niuno presto uerra
23 In mano dil tuo nimico dei morire
nō ti uarra chiamare piatade i quello
extremo ponto che nō puoi fallire
24 Passato e tucto el bene chella te uolse
nō ciauere piu speranza chio tauiso
che adaltri a dato quello chilla ti tolse
25 La morte tua sira con grāde honore
di te e di li tuoi allaltra uita
serai in gratia del tuo creatore
26 Ella nō e boccone dala tua boccha
nō tama no considera che cibo
di tanto pregio a tua fame nō toccha
27 Triūpho nō ti do con tucto honore
in questa guerra ben che la fortuna
auere tene fara sempre el migliore
28 Non e chella nō tama e uoglia bene
ma con gramde honesta secretamēte
con dolce uista questo amore mātene
29 Nō aspectare de uincere q̄sta guerra
chel tuo nimico ha per fauore dio
colui cha questo elguida mai nō erra
30 Vno ladro p robbare e darte adfāno
in casa tuo uenendo dinascoso
atte sira cagione di molto danno
31 La cara sposa tua se a gram dilecto
dessere mirata ma delaltre cose
nō ti bisogna auere alchuno sospecto
32 Crede al tuo Danielo altuo profeta
chel tuo pēsiero uerra cō grāde efecto
per farne in tucto la tua uita lieta
33 Se donna per sposa amico toglie
Senza dubbio niuno chiaro te dico
amica sera daltri e dite moglie
34 Nō dubitare cħl suo pēsiero altroue
nō e riuolto se non atte solo
tu cħl conoscie perche piu laproue
35 Le femene elte guastano q̄sto eluero
nō puoi essere perte ne bono ne bello
stringe lespalle e di non mi dispero
36 Nō timectere ācora ad questo laccio
che male perte se tu teleghi incosa
cħ sciogliere nō sipoi tardo neuaccio
37 Perderai molto e questo pdere tāto
per altro nō sira che per rapina
se nō taiuta dio con qualche santo
38 Va col nome di dio mectete in uia
che al corpo e allalma sera utile
merito & pace conuiene che li sia
39 Le secrete limosine che fay
ti darāno uita longa in questo mōdo
nellaltro scampo da li eterni guay
40 La uirtu la bonta quanto la uita
li durera nō poi cambiare colore
chi a disio difare bella finita
41 Cactiuo ne uerra questo annuale
pane per le feste fanne massaria
cħ chi nō pēsa el fine sempre ua male
42 Le femene ti sonno contra aluolere
nō togliere moglie adōqua cħ tal cibo
nō credere che giamai ti dia piacere
43 Se tolli moglie sai che nauerra
che tu uisitarai la beccaria
deligiero cade chi dinocte ua
44 Nel pricipio auerai guadagno efrēctō
nel mezzo alentera ma in su la fine
per linganni daltrui perderai tucto
45 Farai uendecta ma nō senza offesa
dite cresciendo ala passata ingiuria
e poco auanzerai di questa impresa
46 Questo āno nō uoler toglier marito
che sel togliesse el cielo a ordinato
che saria giocatore e sodomito
47 Sēp dopo ilmale tēpo elsole neuene
uiue asperanza che nō molto alunge
e chi dara conforto alle tuoi pene
48 Questa tua dōna a elcore tucto pfēctō
in ogne cosa e bona e specialmente
diuerno ignuda i mezo dil tuo lecto
49 Sempre pegiorerai lingiuria forte
e doue aspecte difare la uendecta
se non sei sauio adquistarai lamorte
50 Tolli marito e di sichio lacepto
che questo tempo nō ritorna mai
tu nō porrai sintire magior dilecto
51 Nō ancora chel tempo nol consente
aspecta el tempo e poi tauiso chiaro
che nouo stato sentirai surgente
52 Nō togliere questo mesi alchūo sposo
ne laltro anchora cħ si tu il togliesse
agram torto di te saria gilloso
53 Se tu la tolli aquisterai gram fructo
mal senza compagnia puoi dimorare
se ai perso parte nō perdere el tucto
54 De male impeggio spera diuinire
nō aspectare dussire diquesto adfāno
che da tale morbo tu nō poi guarire
55 De q̄llo guadagno cħ dauere aspecte
la gionta sera piu che ladetrata
ma tuci sentirai de gramde strecte
56 Tu cercherai difare tanto uendecta
che uerso te si cresciera lingiuria
non ti ipacciare di questa imaledecta
26

Sprache, darunter jedoch nicht eine Übersetzung des Losbuches von Lorenzo Spirito.

Aufbau, Struktur und Regel

Vom Glücksrad, der *rota fortunae* war oben bereits die Rede. Es bildet den eigentlichen Auftakt des Buches. Hier finden Leser zunächst 20 zentrale Fragen, die Menschen damals wie heute in den verschiedenen Lebensphasen beschäftigen: Ob man geliebt wird, ob die oder der Angebetete nach der Heirat halten wird, was man sich zuvor von ihr bzw. ihm verspricht; ob man ein Bauvorhaben beginnen soll; ob die Ernte gut wird, die geplante Reise sich lohnt oder – eine frühe Form pränataler Diagnostik – ob das erwartete Kind ein Mädchen oder ein Knabe wird.
Diesen 20 Fragen stehen 20 Könige zur Seite, dargeboten in prächtigen Holzschnitten. Die Namen der Könige stammen teils aus der Bibel, teils entsprechen sie dem humanistischen Bildungshorizont der Zeit, für die Boccaccios „berühmte Männer" so maßgeblich waren wie geläufige Rittersagen oder das literarische und kunstgeschichtliche Motiv der „neun Helden".

Jeder dieser 20 Könige verweist seinerseits auf eines von 20 Zeichen, die im Buch auf die Seiten mit den Königen folgen. 20 Zeichen gehen nicht nur zahlenmäßig, sondern auch inhaltlich über die uns heute geläufigen Sternzeichen hinaus. Auf den Seiten mit den Zeichen sind alle 56 mit drei Würfeln erzielbaren Augen- bzw. Zahlenkombinationen abgebildet. Hier darf nun gewürfelt werden.

Von der Darstellung der erwürfelten Augenkomination wird der Spieler bzw. die Spielerin auf eine von 20 nachfolgende Sphären und auf einen bestimmten, dort zu findenden Namen eines Flusses verwiesen. Bei diesem Flussnamen steht schließlich der Hinweis darauf, welcher Orakelspruch welches Propheten die Antwort auf die eingangs ausgewählte Schicksalsfrage geben wird.

Die letzten 20 Doppelseiten des Buchs enthalten die jeweils 56 Antworten auf die 20 Fragen, also insgesamt 1120 Antworten: dreizeilig und gereimt in zeitgenössischem Altitalienisch. Jede dieser Doppelseiten enthält folgerichtig 56 Antworten. Allerdings finden sich auf einer Doppelseite nicht etwa alle Antworten zu ein und derselben Frage, sondern die Antworten zu vielen verschiedenen Fragen scheinbar zufällig durcheinandergewürfelt.

Die Konstruktion

Um das Orakel zu befragen bzw. das Spiel zu spielen, ist es nicht erforderlich, seine Konstruktion zu durchschauen. Vielmehr erhöht es die Spannung, wenn der Anwender es gerade nicht durchschaut, denn es gilt für das Spiel ebenso, was der Losbuchforscher Johannes Bolte festgestellt hat: „Der Aberglaube liebt das einfache nicht". Zu den 20 Fragen gibt es jeweils 56 Antworten, die 20 Propheten in den Mund gelegt werden. Es wäre jedoch ganz ohne die nötige Spannung, würde jeder Prophet nur jeweils eine Frage beantworten. Tatsächlich gibt beispielsweise auf die von König Karl repräsentierte Frage, ob es gut sei, eine

Frau zu heiraten, der Prophet Daniel sechs Antworten, Abraham und Methusalem halten fünf parat; Isaak und Jesaia sowie Nabuk, Nektalim, Noah und Tobias sind jeweils viermal als Antwortgeber engagiert, Bileam, David, Ezechiel und Joseph dreimal und schließlich Adam und Jakob jeweils zweimal. Diese komplexe Konstruktion ohne die uns geläufigen datentechnischen Hilfsmittel zu entwerfen und durchzuhalten verdient unseren Respekt. Allerdings werden die von den Königen Desiderius, Ladislaus, Numa, Pharao und Porsenna vertretenen Fragen ausschließlich von den Propheten Elias, Elisäus, Jonas, Moses und Simeon beantwortet. Hier hat der Autor offensichtlich sein zunächst auf fünfzehn Fragen und fünfzehn Propheten angelegtes Werk nachträglich um fünf ergänzt, ohne die zuvor entwickelte Konstruktion anzugreifen. In dieser Erweiterung geht das Frage-Antwort-Spiel tatsächlich auch immer auf, während das Original in der deutlich komplexeren Struktur der ersten fünfzehn Fragen und Antworten rund 40 Fehlleitungen aufweist, die nur denen auffallen, die entweder zufällig darauf stoßen oder im Rahmen einer Übersetzung und Neuedition das System durchgängig prüfen – und die Irrläufer korrigieren. Die in unserem Losbuchdruck enthaltenen wenigen finden sich übrigens bereits in der handschriftlichen Vorlage Lorenzo Spiritos.

Die 20 Sphären auf dem Parcours sind nach astrologischen Motiven benannt, und der Holzschnittkünstler hat sie aufwändig verziert. Wer genau hinschaut, erkennt, dass den 20 Sphären zwei Tafeln zu Grunde liegen, die sich acht- bzw. zwölfmal wiederholen.

Bemerkenswert ist die große Zahl der Flussnamen, die Lorenzo Spirito seinem „hydrografischen *book-game*“ zugrundelegt. Ihrer Herkunft widmet Donatella Capaldi, die die Orakelsprüche vom Altitalienischen in ein modernes Italienisch übersetzt hat, in dieser Ausgabe einen eigenen Essay. Spirito gibt sich nicht etwa mit 56 zufrieden, die rechnerisch reichen würden, er geht mit über 480 Flussnamen weit darüber hinaus und garantiert damit eine zusätzliche Verschlüsselung, die sicherstellt, dass die Spur von der Antwort zurück zur Frage verwischt wird. Aber auch der Weg von der Frage zur Antwort ist dadurch nicht mehr durchschaubar. Das verleiht dem Spiel die unterhaltsame Spannung und dem wahrsagenden Treiben den esoterischen Kick. Lorenzo Spiritos Losbuch bietet auf seinen 87 Seiten eine beachtliche Komplexität, die viele Nachahmer motiviert hat. Wir wissen nicht, an welchen Vorbildern er selbst sich hat orientieren können; dass es nicht überlieferte handschriftliche Vorbilder gab, von denen er sich hat inspirieren lassen und bei denen er sich bediente, darf als sicher angenommen werden.

Die Antworten

Das Losbuch ist so angelegt, dass der Fragende auf seine Frage genau eine Antwort ermittelt. Die Antworten sind dreizeilig und gebunden, d. h. in Versmaß und Endreim gehalten. Werner Menapace hat sie, unter Zuhilfenahme von Donatella Capaldis Übersetzung, kunstvoll und mit Witz in die deutsche Sprache übertragen.

In ihrem inhaltlichen Spektrum reichen die Antworten von relativ nichtssagend bis hin zu sehr konkreten, anschaulichen Ankündigungen von Ereignissen; so oder so entsprechen sie darin den Weisheiten in den Horoskopen der populären Blätter unserer Zeit. Keine Frage, dass unser Losbuch hier als Vorläufer anzusehen ist. Zumeist, aber nicht immer lässt der einzelne Orakelspruch darauf schließen, auf welche Frage er antwortet. Selbstverständlich sind darin die Liebe und der Tod zeitlos wichtige Lebensthemen, die Frage nach dem glücklichen Leben und das Thema der ehelichen Treue bzw. Untreue (Abraham 46, David 43, Mathusalem 7, Noah 4). Doch nicht nur zwischen konkret und banal bewegen sich die Antworten; sie sind teils unterhaltsam (David 13 und 50), teils religiösermahnend (Abraham 45), teils moralisierend, urteilend und verurteilend (Ezechiel 46), aber auch durchaus weise (Elias 13); sie spielen gerne mit erotischen Andeutungen (Bileam 10, David 32, Ezechiel 18, Isaak 15, Nabuk 13), bieten Anspielungen auf offensichtlich Ungehöriges – beispielsweise die Homosexualität (Daniel 46, Ezechiel 4 und 16) – bis hin zu durchaus derben Späßen (Nabuk 12, Nektalim 12). Sozialgeschichtlich bemerkenswert, wenn auch wenig überraschend sind Themen wie die Gefährlichkeit von Reisen (Bileam 8, Nabuk 14), Lynchjustiz (Elias 46, Elisäus 3 und 24, Jonas 23) oder Rache: Letztere hat im Alltag des 15. Jahrhunderts eine entschieden größere Rolle gespielt; das staatliche Gewaltmonopol in Form von Straf- und Zivilgerichtsbarkeit ist noch nicht in dem Maße etabliert und anerkannt wie heute. In einem Teil der Antworten auf die Frage nach dem zu erwartenden Nachwuchs finden sich Prognosen, die auf die damalige hohe Kindersterblichkeit (Elisäus 30) hinweisen sowie auf eine unverhohlene Geringschätzung weiblichen Nachwuchses (Elias 17, 40 und 45, Elisäus 23, Moses 22); auch Kinderlosigkeit ist Thema (Isaak 35) oder entschiedenes Misstrauen gegenüber ärztlicher Heilkunst (Elias 8 und 14, Moses 18, Simeon 13); näher als heutzutage war jeder Einzelne an der Landwirtschaft, entsprechend bedeutsam war die Frage nach der zu erwartenden Ernte (Joseph 53), wo wir uns eher von Aktienindizes und deren Prognosewirkung leiten lassen. Zu den allseits erheiternden Tabubrüchen dürfte auch David 37 gehören, der davor warnt, sich auf seiner Reise von einem Priester begleiten zu lassen.

Das Spiel mit den Tabus

Die Wahrsagerei und das Interesse an ihr galt als gotteslästerliches Verhalten. Es musste verboten werden, moralisch wie juristisch, zumal wenn Scharlatane durch das Land zogen oder auf Jahrmärkten ihre Dienstleistung feilboten, um sich an der Neugier, der Verführbarkeit und wohl auch an der Not der Menschen zu bereichern und ihnen Geld aus der Tasche zu ziehen. Das galt nicht weniger auch für das Glücksspiel. Abhandlungen über die Verwerflichkeit des Spielens an sich füllten viele Bücher. Am schlimmsten von allen Formen des Spielens war jedoch das Würfelspiel. Würfel waren weit verbreitet – insbesondere unter den auf einen Einsatz wartenden Söldnern, deren Alltag Lorenzo Spirito beruflich vertraut war. Würfel konnte man leicht mit sich tragen und jederzeit loslegen. Das Würfelspiel stand eben nicht nur für das sinnlose Vergeuden wertvoller Lebenszeit, sondern auch – wenn um Geld gespielt wurde – für das Risiko, zu verarmen, zumal wenn Betrüger am Werk waren. Seit dem Spätmittelalter waren dem Gläubigen die Würfel im Zusammenhang mit der Kreuzigung Christi nicht nur aus der Predigt, sondern auch aus Tafelbildern geläufig. Dass die Orakelsprüche mit den Namen biblischer Gestalten daherkamen und aufgerufen wurden wie Bibelverse, musste die kirchlichen Autoritäten herausfordern.

Lorenzo Spirito selbst spielt ein Spiel mit den Tabus seiner Zeit, der Wahrsagerei, dem Würfelspiel, mit dem erotischen Thema und mit schlüpfrigen, mitunter derben Anspielungen. Mit seiner kunstvollen Aufmachung beherrschte sein Losbuch den frühen Buchmarkt. In diesem Spiel mit den allseits geläufigen Tabus seiner Zeit dürfte sein außerordentlicher Erfolg begründet sein.

Zum Weiterlesen

Boëthius: Trost der Philosophie. Übers. und mit einem Nachwort von Kurt Flasch. München 2005.
Borst, Otto: Alltagsleben im Mittelalter. Frankfurt am Main: 1983, insb. S. 295–304.
Flasch, Kurt: Das philosophische Denken im Mittelalter. Stuttgart 1986. Hier vor allem zu Boëthius S. 43–74.
Huizinga, Johan: Homo ludens. Vom Ursprung der Kultur im Spiel. Reinbek bei Hamburg 1987.
Méhu, Didier: Gratia Dei. Das Leben im Mittelalter. Freiburg 2004.
Rosenfeld, Hans-Friedrich und Hellmuth: Deutsche Kultur im Spätmittelalter 1250–1500. Wiesbaden 1978. Hier vor allem S. 151–155: Unterhaltungsspiele, Gesellschaftsspiele, Glücksspiele.
Rosenstock, Alexander: Das Losbuch des Lorenzo Spirito. Eine Spurensuche. Weißenhorn 2010. Alle Zitate sind, wenn nicht anders vermerkt, diesem Buch entnommen und dort über das Register leicht zu finden.
Schubert, Ernst: Spätmittelalter – die Rahmenbedingungen des Lebens der kleinen Leute, in: Althoff, Gerd, Goetz, Hans-Werner, Schubert, Ernst: Menschen im Schatten der Kathedrale. Darmstadt 1998, S. 229–350, insb. S. 233–249.

Das Original

http://openaccess-stadtbibliothek.ulm.de/buecher/lb1482/

DONATELLA CAPALDI

Die Schicksals-gewässer

Moses, der in einem Korb auf dem Nil treibt; die Zwillinge Romulus und Remus, die auf dem Tiber ausgesetzt werden: So fließt das Schicksal seit den biblischen und mythischen Anfängen auf den Flüssen dahin. Wasserläufe sind von Nymphen bevölkert, Meere trennen auf tragische Weise das Liebespaar Hero und Leander, härten Krieger wie Odysseus und Äneas. Seit der Antike verbinden Flussläufe Völker, befördern Waren, und nicht nur bewaffnete Truppen, knüpfen ein Netz von Kultur- und Handelsbeziehungen. Diese Flussnetze bilden den Hintergrund für das *Buch der Schicksale* von Lorenzo Spirito Gualtieri, erschienen 1482 in Perugia: Ein hydrografisches *book-game* aus der Frühzeit des Buchdrucks, das als Modell für die Gattung „Losspiel" diente und bis ins 18. Jahrhundert sehr beliebt war. Einen Vorläufer hatte es bereits im 13. Jahrhundert mit dem *Book of Fate* von Matthew Paris gegeben, das in Stadtlandschaften spielte. Spirito arbeitet dagegen eine Gewässerkarte aus, die er über jene virtuelle des Mythos, der Theologie und der *fictio* legt: Ein ausgedehntes Gewirr von Becken und Mündungen, das, ausgehend von den antiken Geografen, in seinen Verästelungen nachgezeichnet und von Forschungsreisenden und Händlern erkundet und berichtigt wird, die entlang der Karawanenwege Namen und Landkarten in ihren Tagebüchern und Berichten vermerken. Auf diese Weise erhalten

diese semi-fantastischen Flüsse reale Gestalt, werden zu wundersamen Orten, wie sie auf mittelalterlichen Landkarten dargestellt sind, zum Beispiel in der *Ebstorfer Weltkarte* in Deutschland.
Beim Spielen bekommt das Flusssystem eine zugleich ludische und fatale Note, und es tauchen unterschwellig jene Fähigkeiten auf, die man vom aufstrebenden Bürgertum und von der Geschäftswelt verlangt: Kontrolle des Geschehens und Planung der Tätigkeiten, *prudentia* beim *Vorher*-Sehen, laufendes Berichtigen der Fehler, Gewinn. Spielszenarien, aber auch Szenen aus dem häuslichen Leben und dem Geschäftsleben, die ihre halb ernste Kehrseite zeigen: Angst vor der unglücklichen Fügung und vor den Machenschaften neidischer Kontrahenten, Gefahren für den Frieden in der Familie, mit ihren unausweichlichen Folgen. Wiederkehrende Motive in Spiritos Spiel sind das Einkommen oder die Rache gegen Widersacher, häufige Themen sind weiter das Reisen, Heirat und Aussteuer, die Geschäfte, aber auch Ernte und Grundbesitzertrag sowie die damit verbundenen Unsicherheiten, Vorteile und Risiken; ein Zeichen der vermehrten Eheschließungen zwischen Feudaladel und Magnatenschicht. Kurz, das Flussnetz transportiert die Erwartungen einer bürgerlichen Klasse, die erfolgreich in Projekte investieren möchte, in Geschäfte ebenso wie in Heiraten.

Aleatorische Gewässer

Gewässer also, die Glück bringen oder es versagen, und das Glück steuern ist „das" Problem: Wie man es mit Tugend befördern kann, wie man das Wortpaar Tugend und Glück, über das sich ein paar Jahrzehnte später Macchiavellis *Principe* Gedanken machen wird, wirtschaftlich – und auch politisch – nutzen kann. Nicht von ungefähr sind es große Monarchen, die den Spielern den Weg weisen, der schließlich zur Antwort führt; Herrscher, die das Schicksal herausgefordert haben: Zwanzig große Könige aus der Mythologie, der Geschichte und der Literatur, darunter auch zwei aus dem Raum Perugia, und zwar der Langobardenkönig Desiderius, der im 8. Jahrhundert in das Herzogtum Spoleto einmarschierte, und aus etwas jüngerer Zeit Ladislaus I. von Anjou-Durazzo, König von Neapel, genannt der Großmütige, der 1408 Perugia unterwarf und dem Papst entriss. Sie sind die Avatare dieses „Videogames" aus Papier, zugeschnitten auf die Erwartungen der Spieler, vom Verdienst bis zu den Sponsalien, in einem ständigen Auf und Ab zwischen Erde und Himmel. Die Könige verweisen auf zwanzig Sterne oder Planeten, also auf eine Art „astrologisches" Schicksal, wie es von den Arabern und in den Schriften von Roger Bacon, Albertus Magnus und Petrus von Abano theoretisiert wurde. Auf allegorische Weise zieht die weltliche Macht die Gestirne zu Rate. Das Würfeln führt von der irdischen Ebene hinauf zum Firmament, zu den zwanzig Sphären, auf die die Sternbilder verweisen; anschließend verbindet sich der Himmel in umgekehrter Richtung wieder mit der Erde, und zwar über das Gewässernetz: Über vierhundert Flüsse bilden die dritte Station des Weges hin zum Los, das am Ende des Spiels vorausgesagt wird. Die Flussnamen hat Spirito mit Sicherheit den geografischen Verzeichnissen entnommen, die im ausgehenden 15. Jahrhundert in Gebrauch waren; darunter die bereits bekannten Epitome der griechischen Geografen, so zum Beispiel die von Strabon, der 1469 ins Lateinische übersetzt wurde und von dem der Florentiner Francesco Berlinghieri um 1480 eine Version in der Volkssprache mit dem Titel *Le septe giornate della geografia* veröffentlichte; das weithin bekannte *Mathematikè Sýntaxis* oder *Almagest* von Claudius Ptolemäus, das im 9. Jahrhundert ins Arabische und im Mittelalter mehrmals ins Lateinische übersetzt und im 15. Jahrhundert überarbeitet wurde. Dazu das von Isidor von Sevilla verfasste Kompendium lateinischer Gelehrter wie Plinius der Ältere, Pomponius Mela und Solino. Außerdem Dantes *Divina Commedia* und Boccaccios *De montibus, silvis, fontibus, lacubus, fluminibus, stagnis seu paludibus et de diversis nominibus maris liberde fluminibus*, begonnen im Jahr 1357.

Den Fluss entlang windet sich der Verlauf des Schicksals: Er ist aber stets gespalten, denn die gewürfelte Augenzahl schickt uns einmal auf die rechte, ein anderes Mal auf die linke Seite des Ufers, und so ändert sich der Ablauf der möglichen Ereignisse. Der Fluss scheidet ein parallel laufendes Los, er ist aber auch eine Brücke zu den zwanzig Propheten – der letzten Station der Reise. Sie machen die Weissagungen: Wer sich auf das Spiel eingelassen hat, muss sich einer der sechsundfünfzig Antworten in gereimten Terzinen aussetzen, die jeder Prophet in seinem Abschnitt des Buches bereithält, um dem Spieler das Schicksal vorherzusagen.

Gewässer auf Karten

Welches sind die Schicksalsflüsse Spiritos? Es handelt sich um ein Gewässernetz, das eine reale und eine imaginäre Hydrologie verknüpft. Erstere nennt minuziös die Flüsse und Bäche, ausgehend von Mittelitalien um die Regionen Umbrien, Toskana und Marken; große und kleine, Bäche und Kanäle, oder unterirdische wie die unauffindbare Diana in Siena, die von Dante erwähnt wird (*Fegefeuer* XIII, 151–154). Sie greift aber auch nach Norden, Süden und Osten aus, über die Alpen und entlang der Mittelmeerküsten, bis zu den Routen in den Nahen und Mittleren Orient: der Nil, natürlich, der Fluss Tabor in Palästina und der Kidron in Jerusalem, der Sirio in Persien oder der Selef in Kilikien, wo 1190 Barbarossa während des Dritten Kreuzzuges ertrank. Oder bis zur Seidenstraße: Tigris und Euphrat, aber auch Oxus, der heutige Amudarja in Turkmenistan. Und sie dringt weit nach Norden vor, folgt dem sibirischen Verlauf des Pur, der Istra, einem Nebenfluss der Moskwa, und dem Sal, einem Nebenfluss des Don, der Onega am Weißen Meer, wendet sich nach Westen Richtung Dakien, zum Tita, zieht dann die Donau entlang, die Save, einen ihrer Nebenflüsse. Und kommt schließlich zu den Hesperiden, der französischen Eyre, zum Duero in Spanien bzw. Douro in Portugal und zum Mira in Portugal, die in den Atlantik münden, und weiter zum Dextro in Spanien, dem heutigen Turia oder Guadalaviar bei Valencia, und zum Balacco (heute Guadalete?), wo Roderich, der letzte Westgotenkönig, im Jahr 711 von einem arabischen Heer besiegt wurde.

Manchmal werden die Flüsse mit ihren archaischen Namen genannt, wie der Betis, der Guadalquivir der Antike, oder der Ister, der alte Name für die Donau (lateinisch Hister), oder der Iris (antiker Name des Yeşılırmak) in der Türkei, oder der Tanaïs, der Don. Viele Namen aber kommen aus den Mythen und aus der „Vorstellungswelt“: epische Stätten wie der Xanthos, der Fluss Trojas in der *Ilias* (es könnte freilich auch schlicht der Santo auf Sardinien gemeint sein), oder der Fiero, der Arno in Florenz nach Dante (*Fegefeuer* XIV, 60). Oder personifizierte wie der Tosco, benannt nach dem etruskischen Magier, von dem Vergil berichtet (Äneis X, 198–200), und der Toscano, ein anderer Name für Tiber (Horaz, *Oden* III, VII, 27–28). Es gibt Flüsse, die verführen, wie der mythologische Falso in der Kolchis, der die Nymphe Ea liebte, die in eine Insel verwandelt wurde; und Flüsse, die verführt werden, wie der Tiro in Kalabrien, ein Nebenfluss des Crati: die von Poseidon umgarnte Nymphe. Dazu kommt noch das mythisch-biblische Flusssystem: Die Flüsse Edens, wie der Loto, die der Hölle, wie die Orea. In das bekannte Gewässersystem baut Spirito außerdem Küstengewässer ein: Klippen, Kaps, Golfe, Becken, Inseln und Halbinseln; auf diese Weise entsteht aus realen und erdachten Wasserläufen und ruhenden Gewässern eine verzweigte Gewässerkarte, die, ausgehend von der mittelalterlichen Kartographie, immer stärker durch die um sich greifende humanistische Forschung abgewandelt wird, wobei sie auf Gestalten aus den Mythen, der Literatur und den Klassikern zurückgreift.

Durch das Würfeln werden die Flüsse zu Vektoren für die möglichen Antworten. Alles wird durch diese Mikroalgorithmen geregelt: das Risiko, die Wahrscheinlichkeitsberechnung, das Unvorhergesehene, die Korrekturvariablen, die Welt der Möglichkeit, die sich in der Wirklichkeit verkörpern könnte, die Virtualität des Spiels, das wahr werden könnte. Das Schicksal ist unbeständig, doch der Geschäftssinn kann und muss Strategien entwickeln, um Schäden zu korrigieren und zu begrenzen, oder um das Los im Hinblick auf weitere Gewinne zu nutzen. Der mittelalterliche Ritter begab sich auf gut Glück ins Unbekannte, um seine Tugend und seinen Mut zu erproben, nun ist es das Unbekannte, das dem, der würfelt, Hinweise zwischen Wahrheit und Lüge geben muss. Das Spiel wird also zu einer Art Training, um etwaige unvorhergesehene Ereignisse zu kalkulieren und uns darauf vorzubereiten, mit den Widrigkeiten umzugehen, gleichzeitig formalisiert es sich zu einer „Maschine”, mit ihren Gesetzen, wo jede Spur des Schicksals in der Weissagung zu einer unausweichlichen Verkettung von Ursache und Wirkung führt.

Prophetische Gewässer

Die Flüsse führen zu den Propheten. In der Bibel hört der Prophet zu, klagt an, tadelt, rüttelt das Gewissen wach, zeigt den rechten Weg; und die zwanzig Propheten des *Buchs der Schicksale* – jeder hält sechsundfünfzig Antworten bereit – bestimmen schließlich unter anderem über unsere Todesumstände. Sie machen aber nicht so sehr Prophezeiungen in religiösem Sinn, sie weissagen vielmehr Schicksalssplitter, die dazu dienen, den Alltag zu meistern und die häuslichen

Angelegenheiten zu verwalten. Die Propheten sind das verweltlichte Spiegelbild der göttlichen Wahrsagung und ihrer Mahnungen, sie stehen nicht so sehr und nicht mehr für die Beziehung zwischen Gott und der Welt, sondern für jene zwischen finsteren und wohlgesinnten Kräften, die in den himmlischen Gefilden miteinander ringen und sich bei den Menschen niederlassen, wo sie aneinander geraten und sich aufheben, indem sie einmal Glück, ein anderes Mal Unglück verheißen. Nicht zufällig zeigen alle Propheten in den Darstellungen mit dem Finger nach oben oder nach unten und verweisen damit darauf, wie unbeständig das Schicksal ist. Unter ihnen gibt es einige, die, wie in der Bibel nachzulesen, die Gewässer tatsächlich beherrschten, auch jene der Katastrophen, wie Noah bei der Sintflut; Ezechiel, der dem Pharao von Ägypten gefährliche Fluten ankündigt (Ez 32, 13–14); Jesaja und die rettenden Ströme gegen Hitze und Dürre (Jesaja 41, 18); Jonas, der drei Tage und drei Nächte lang im Bauch eines Fisches auf den Wogen treibt (Jonas 2, 1–4, Matthäus 12, 40); Tobias und der Fischfang des Erzengels Raphael auf dem Tigris (Tobias 6, 1–6). Und zum Schluss, der Reihe nach: Moses, der aus den Fluten Gerettete, der das Rote Meer teilt, mit seinem Stab auf den Felsen schlägt und Wasser daraus hervorquellen lässt (Exodus 17, 1–7). Und das unzertrennliche Paar Elias und Elisäus: Elias, der durch einen Schlag mit dem Mantel die Fluten des Jordan teilt, um ihn zu durchschreiten (2. Könige 2, 8), und Elisäus, der es ihm gleichtut (2. Könige 2, 14), flussauf nach Jericho zieht (2. Könige 2, 19–22) und die Ankunft des Wassers verkündet (2. Könige 3, 16–20). Obwohl die Prophezeiungen auf eine Art Almanach oder Horoskop reduziert sind, bewahren die Propheten also etwas von ihrem ursprünglichen Gepräge: Es geht darum, einen glaubwürdigen Weg aufzuzeigen, mit praktischen Aktionen, die man durchführen soll. Und die Landkarte, die vielmehr eine Gewässerkarte ist, bietet sich als metaphorisches Umfeld für das Spiel der Schicksale an. Denn die Gewässer sind stets unbeständig, bringen Gefahren und Ruhe, Flauten und plötzliche Stürme, Dürre und Fruchtbarkeit. So wie das Leben.

Herausgegeben mit freundlicher Unterstützung
der Abteilung Deutsche Kultur der Autonomen Provinz Bozen – Südtirol

AUTONOME PROVINZ BOZEN SÜDTIROL
PROVINCIA AUTONOMA DI BOLZANO ALTO ADIGE
Deutsche Kultur

Der Verlag dankt Donatella Capaldi für
ihre Mitarbeit an der Übersetzung aus dem
Altitalienischen und für die Erschließung des
sprachhistorischen Kontextes.

Lektorat: Hermann Gummerer
Grafik: no.parking, Vicenza
Satz und Druckvorstufe: Typoplus, Frangart
Printed in Europe
ISBN 978-3-85256-792-1
www.folioverlag.com